Дөрөв дэх хэмжээст
Туйлын Эерэг Байдал
Сургалт

“Туйлын Эерэг Байдал” Сургалт - Цуврал 1

Дөрөв дэх хэмжээст Туйлын Эерэг Байдал Сургалт

И Ён Хүн

POSITIVITY

CGW
Church Growth Worldwide

“Дэлхийн Чуулганы Өсөлт”
Судалгааны Төв

УДИРТГАЛ

Эерэг байдал бүхнийг ялан дийлдэг. Бурханы туйлын эерэг хайр бүх зүйлийг өөрчилдөг. Хүн төрөлхтөн угийн туйлын цөхрөлтэй, туйлын сөрөг оршихуйнууд байсан. Харин Есүсийн загалмайгаар дамжуулан Бурхан туйлын цөхрөлийг туйлын найдвар болгон, туйлын сөрөг байдлыг туйлын эерэг байдал болгон өөрчилсөн. Есүс нүгэл, үхэл, цөхрөл, ганцаардал, уйттар гунигаар дүүрэн энэ ертөнцөд ирэх үед бидний амьдрал дахь бүх сөрөг зүйл алга болсон.

Нүглийн боолчлолоос Бурханы хүүхдүүд болсон Христэд иттэгчид эдүгээ загалмайгаар дамжуулан шинэ зүйлийг ярьдаг, шинэ зүйлийг мөрөөддөг, шинэ үйлдэл хийдэг хүмүүс болон өөрчлөгдсөн. Гэсэн хэдий ч урьдын адил хуучин хүнийхээ бодол, үг, дадал зуршлаас салж чадахгүй, сөрөг бодол, үг, үйлдэл хийх үе олон бий. Тийм учраас бидэнд туйлын эерэг шинэ зуршилтай болгох дасгалжуулалт хэрэгтэй.

Энэхүү дасгалжуулалтад туслах үүднээс “Дөрөв дэх хэмжээст Туйлын эерэг байдал” сургалтын сурах бичгийг гаргасан юм. Лекц болгондоо өөрийн эерэг байдлын индексээ хэмжих ба сэдвийн лекц, багаар ярилцах хэсгээс бүрдэнэ. Лекц бүрт эргэцүүлэн бодох Библийн олон эшлэл оруулсан тул танд Библийн зарчмуудын дагуу эерэг сэтгэлгээг дасгалжуулах боломжийг олгоно. Мөн 5 төрлийн эерэг байдал өөртөө, бусдад, ажил болон дуудлага, хүрээлэн буй орчин, ирээдүй, 3 төрлийн дасгалжуулалтыг эерэг үг, үргэлж талархах, хайрыг хуваалцахыг сурч хэрэгжүүлснээр амьдралаа эерэг энергиэр цэнэглэх юм.

Тиймээс энэхүү гарын авлагыг гэр бүл, эсийн бүлэг, чуулган, албан байгууллага дахь итгэл нэгтнүүдтэйгээ ашиглахыг зөвлөж байна. Мөн миний бичсэн "Туйлын эерэг байхын гайхамшиг" номыг хамт уншвал илүү их үр нөлөөг мэдрэх болно. Туйлын эерэг Бурхан та бүхний амьдралд гайхалтай зүйлсийг төлөвлөж, бэлдсээр буй. Тиймд амьдралд минь сайн сайхан зүйл тохиолдох болно гэж найдаж, хүлээгээрэй. Та бүхэн энэхүү сурах бичгээр дамжуулан туйлын эерэг байхын гайхамшгийг мэдрэх болно.

"Ёоиду Төгс Сайнмэдээ"
Чуулганы ахлах пастор
И ЁН ХҮН

Сурах бичиг ашиглах заавар

1. Сургалтын зорилго

1) Библийн зарчмын дагуу туйлын эерэг байхтай холбоотой үгсийг бясалгаж, өөрийн болгох.
2) Туйлын эерэг хандлага, итгэлийн ач холбогдлыг ухаарч, 5 төрлийн эерэг байдал, 3 төрлийн дасгалжуулалтыг сурч, хэрэгжүүлснээр туйлын эерэг хүн болж өөрчлөгдөх болно.
3) Туйлын эерэг зуршлыг өдөр тутмын амьдралынхаа нэг хэсэг болгохын тулд хичээх болно.
4) Эсийн бүлгийн гишүүдтэйгээ хамт суралцсанаар туйлын эерэг энерги, уур амьсгалыг Positive Energy and Vibes уур амьсгалыг бүрдүүлж, эерэг хамт олныг бий болгоно.
5) Туйлын эерэг хүн болон өөрчлөгдөж, итгэлийн тэнцвэртэй амьдралаар амьдарч чадах бөгөөд Бурханы хүсэл, дуудлагыг биелүүлэх сүнслэг байгуулалтаар байгуулагдах болно.

2. Агуулга

Дөрөв дэх хэмжээст "Туйлын эерэг байдал" сургалтын бүлэг тус бүр долоон хэсгээс бүрдэнэ.

7төрлийн агуулга

1	Оршил жишээ, эргэцүүлэн бодох
2	PQ (эерэг байдлын индекс) шалгах хүснэгт
3	Библийн хэсэг
4	Сэдвийн лекц
5	Магтан дуу
6	Багаар ярилцах
7	Эерэг байхуйн тунхаглал

Сурах бичиг ашиглах заавар

Туйлын Эерэг Байхуйн Диаграм

Туйлын эерэг Бурханд эерэг хандах нь

(1) Өөртөө эерэг хандах
Таван төрлийн эерэг байдал

(2) Бусдад эерэг хандах
Таван төрлийн эерэг байдал

(3) Ажил үйлчлэлдээ эерэг хандах
Таван төрлийн эерэг байдал

(4) Нөхцөл байдалд эерэг хандах
Таван төрлийн эерэг байдал

(5) Ирээдүйдээ эерэг хандах
Таван төрлийн эерэг байдал

5 эерэг байдал, 3 дасгалжуулалт (MOMEF PTS)

1) Дасгалжуулалт	2) Дасгалжуулалт	3) Дасгалжуулалт
Эерэг үг хэллэг	Үргэлж талархах	Хайрыг хуваалцах
Proclamation of Positive Words	**T**hanksgiving Under Any Circumstances	**S**haring the Love of God

Сурах бичиг ашиглах заавар

3. АШИГЛАХ ЗААВАР

① Оршил жишээ, эргэцүүлэл	Оршил хэсгийн жишээг уншиж, тунгаан бодно уу. Жишээгээр дамжуулан төрсөн бодол, мэдрэмж, өнгөрсөн туршлагаа ярилцах учраас хэсэг хугацааны дараа эргэцүүлэн бодож ухаарсан зүйлээ хоорондоо хуваалцаарай.
② PQ (эерэг үзүүлэлт) шалгах хүснэгт	Өөрийн эерэг байдлын индексээ шударгаар шалгаж, үнэлнэ үү. Өгөгдсөн 10 асуултад өгсөн оноогоо нэмж үзнэ үү.
③ Библийн хэсэг	"Туйлын эерэг байдал"-тай холбоотой Библийн хэсгийг судлах цаг юм. Та Библийн хэсгийг уншиж, асуултад хариулаарай. Мөн Библийн хэсгээс сурсан зүйлээ хуваалцаарай.
④ Сэдвийн лекц	"Туйлын эерэг байдал"-тай холбоотой лекцийг сурна. Энэ нь туйлын эерэг байхын ач холбогдол, туйлын эерэг Бурханд хандах эерэг хандлага болох 5 төрлийн өөртөө, бусдад, ажил болон дуудлага, хүрээлэн буй орчин, ирээдүй, гэсэн эерэг байдал, 3 төрлийн эерэг үг, үргэлж талархах, хайрыг хуваалцах гэсэн дасгалжуулалтыг сурч өөртөө хэрэгжүүлнэ. Хэсэг бүртэй холбоотой Библийн олон эшлэлүүдийг олж, эргэцүүлэн бодож, судлаарай. Мөн сэдэв, эшлэл бүртэй холбоотой өөрийн бодол, туршлага, алсын хараагаа хуваалцана уу.

Сурах бичиг ашиглах заавар

⑤ Магтан дуу

Бүлэг бүрийн сэдэв, сурсан зүйлийнхээ талаар эргэцүүлэн бодож, зерэг сэдэвт магтаалыг өргөх цаг юм. Ариун Сүнсний оршихуй, тусламжийг эрэлхийлэн чин сэтгэлээсээ залбирч, хамтдаа магтаарай.

⑥ Багаар ярилцах

Туйлын зерэг байдлын талаар олж мэдсэн зүйлээ жижиг бүлгээрээ хуваалцах цаг. Гишүүдтэйгээ лекц бүрээс юу мэдэрсэн, гаргасан шийдвэрийнхээ талаар итгэлээрээ хуваалцах нь маш өндөр ач холбогдолтой. Сөрөг бодол, үгсийг орхиж, зерэг зуршлыг бий болгоход бие биеэ урамшуул. Мөн өнөөдрийн даалгавраа үнэнчээр биелүүлж, дахин шалгаж нягтлаарай..

⑦ Зерэг байх тунхаглал

Бурханы үг үргэлж зерэг байдаг. Туйлын зерэг байхтай холбоотой үгсийг долоо хоног бүр цээжлээрэй. Бүлэг болгоноос сурсан сэдвүүдээ цэгцэлж, тунхаглах үедээ өөртөө болон бие биедээ итгэлтэйгээр тунхаглаарай. Хамтдаа тунхгаа чангаар уншаарай. Зерэг үгсийг эргэцүүлэн бодож, тэр өдөр сурсан зүйлээ цэгцэлж, тэмдэглэл хөтөлнө үү.

Энэхүү сурах бичгийн дагуу дадлага хийж, суралцсан хүн бүр туйлын зерэг хүн болж өөрчлөгдөх болно. Туйлын зерэг байдлын индексээ (PQ) нэмэгдүүлэх нь таны амьдралын хамгийн том хөрөнгө болох болно. Энэ сургалтыг эхлүүлж буй та бүхний дээр Бурханы онцгой нигүүлсэл, мэргэн ухаан дүүрэн байх болно гэж найдаж байна. Одоо бүгдээрээ "Дөрвөн хэмжүүрт Туйлын зерэг байх Сүнслэг байгуулалт" сургалтын элсэлтийн амлалт бичгийг бөглөж, суралцах аялалдаа(learning journey) гарцгаая.

Элсэлтийн Амлалтын бичиг

Би "Дөрөв дэх хэмжээст Туйлын эерэг байдал" сургалтаар дадлагажигч хүнийхээ хувьд Бурханы өмнө дараах амлалтыг хийхийг хүсэж байна.

1. Би "Дөрөв дэх хэмжээст Туйлын эерэг байдал" сургалт явагдах хугацаанд аливаа сөрөг бодол, үг хэлэхээс зайлсхийхийн тулд чадах бүхнээ хийх болно.

2. Би таслах, хоцролгүйгээр "Дөрөв дэх хэмжээст Туйлын эерэг байдал" сургалтад хариуцлагатайгаар оролцох болно.

3. Би эерэг байдлын индексээ PQ шалгах хуудсыг үнэнчээр бөглөж, өөрийгөө шударгаар үнэлнэ.

4. Би сурах бичигт гарч буй туйлын эерэг байхтай холбоотой Библийн эшлэлүүдийг чин сэтгэлээсээ бясалгаж, судлах болно.

5. Би өгөгдсөн даалгавар, цээжлэх эшлэлүүдийг хариуцлагатайгаар хийж гүйцэтгэнэ.

6. Би хамт суралцаж байгаа оюутнуудаа урамшуулж, эерэг энергитэй эерэг хамт олныг бий болгохын төлөө хичээх болно..

7. Би энэхүү сургалтаар дамжуулан эерэг байдлын индексээ PQ өсгөж, үргэлжийн эерэг хүн болохын төлөө хичээх болно.

____ он ____ сар ____ өдөр

Нэр: ____________

АГУУЛГА

ЭЕРЭГ БАЙХУЙ

01

Туйлын эерэг байхын ач холбогдол

01 Туйлын зерэг байхын ач холбогдол

Америкийн нэгэн Христэд итгэгч аз жаргал гэхээс илүү бүтэлгүйтэл, бухимдлаар дүүрэн амьдралаар амьдарчээ. Түүний бизнес 22 настайд нь бүтэлгүйтсэн бол 23 настайдаа мужийн гишүүний сонгуульд ялагдаж, 24 настайд нь бизнес бас дахин бүтэлгүйтэж, 25 настайдаа мужийн гишүүний сонгуульд сонгогдож, 26 настайд нь хайртай эмэгтэй нь нас баржээ. Улмаар 27 настайдаа мэдрэлийн ядаргаа, шизофрени өвчнөөр өвдөж, 29 настайдаа их хурлын даргад нэр дэвшин ялагдаж, 31 настайдаа Ерөнхийлөгчийн сонгуулийн хорооны сонгуульд ялагдаж, 34 настайдаа Төлөөлөгчдийн танхимын сонгуульд ялагдаж, 37 настайдаа арай ядан Төлөөлөгчдийн танхимд сонгогдсон ч хоёр жилийн дараа дахин ялагдал хүлээжээ. Үүгээр ч барахгүй 46 настайдаа Сенатын сонгуульд ялагдаж, 47 дахь дэд ерөнхийлөгчийн сонгуульд өрсөлдөн ялагдсан, 49 настайдаа Сенатын сонгуульд ялагдаж, дараа нь 51 настайдаа тэрээр АНУ-ын 16 дахь Ерөнхийлөгчөөр сонгогджээ

Түүний нэр бол Абрахам Линколн юм. Тэрээр хар арьст боолуудыг чөлөөлснөөр АНУ-д жинхэнэ хүний эрх, энх тайвныг тогтоох агуу суурийг тавьсан Бурханы ажилчин болсон. Түүний амьдрал урам хугарал, бүтэлгүйтлийн үргэлжлэл мэт санагдсан ч тэрээр шантралгүй, туйлын зерэг итгэлээр урагш тэмүүлсэн тул Бурхан түүгээр дамжуулан агуу зүйлсийг хийжээ.

Тунгаан бод!

Өдийг хүртэл миний амьдралд ямар бүтэлгүйтлүүд байсан бэ? Тэр үйл явдлаар дамжуулан би юу сурсан бэ?

Positivity Quotient Check List

Туйлын эерэг байдлаа шалгах хүснэгт

Таны эерэг хандлагын үзүүлэлт (PQ) хэд вэ?

Өгөгдлүүдийг уншаад тохирох нүдийг чагтална уу!

Хэмжих асуултууд	Огт тийм биш	Тийм биш	Ихэнхдээ	Тийм	Яг тийм
	1 оноо	2 оноо	3 оноо	4 оноо	5 оноо
1. Би стресст орсон үедээ эергээр бодож, даван туулдаг хандлагатай.					
2. Амьдралд хандах хандлага, чиг хандлагаа сөрөг сэтгэл хөдлөлөөр шийддэггүй.					
3. Хэдий зовлон зүдүүр, бэрхшээл тохиолдсон ч түүнээсээ сургамж авч дахин босдог.					
4. Би ихэвчлэн эерэг байдлын хүчинд итгэдэг бөгөөд үүнийг маш их ухамсарладаг.					
5. Би амьдралынхаа үлдсэн хугацаанд болон ирээдүйд маш их хүлээлттэй байна.					
6. Хүрээлэн буй орчин эсвэл хүмүүсийг харахдаа харанхуй талаас илүү гэрэл гэгээтэй талыг нь харахыг хичээдэг.					
7. Өөрийгөө сайн эсвэл амжилтад хүрч байгаагаар төсөөлж, хардаг.					
8. Миний эргэн тойронд сөрөг зүйл ярьдаг хүмүүсээс илүү эерэг зүйл ярьдаг нь их цуглардаг.					
9. Аливаа зүйлийг эхлүүлэхийн өмнө бүтэлгүйтэж магадгүй гэж боддоггүй.					
10. Миний дотор маш их хайр, эерэг энерги бий.					

Асуулт бүрийн оноог нэмнэ.
Эерэг хандлагын үзүүлэлтийн нийлбэр (_____ оноо)

Библийн хэсэг

Иеремиа 29:10~13 хэсгийг уншина уу!

> 10ЭЗЭН ингэж айлдаж байна. "Вавилоны төлөө далан жил дуусахад та нарыг энэ газарт буцааж авчрахын тулд Би та нар дээр ирж, сайн үгээ та нарт биелүүлнэ.
> 11Учир нь та нарт зориулж байгаа төлөвлөгөөнүүдийг Би мэдэх бөгөөд тэдгээр нь та нарт ирээдүй ба найдварыг өгөх гай гамшгийн бус, сайн сайхны төлөөх төлөвлөгөөнүүд юм" гэж ЭЗЭН тунхаглаж байна.
> 12"Та нар Намайг дуудаж, ирж, Над руу залбирахад Би та нарыг сонсоно.
> 13Та нар Намайг хайх бөгөөд бүхий л зүрхээрээ Намайг хайвал олно"

1. Вавилонд олзлогдож, цөхрөнгөө барсан израильчуудад Бурхан ямар эш үзүүллэгийг өгсөн бэ? (Иер 29:10)

2. Бидэнд хандсан Бурханы бодлын юу гэж хэлсэн байна вэ? Тэрээр энд "Би мэднэ" гэж хэлсэн шалтгаан юу вэ? (Иер 29:11)

3. Сэтгэлээр унаж, цөхрөнгөө барсан үедээ Бурханы бодол санаа, төлөвлөгөөг мэдэж, найдвар олох арга зам бий юу? (Иер 29:12)

4. Бид Бурханы өмнө очихдоо ямар хандлагатай байх ёстой вэ? (Иер 29:13)

5. Бурхан биднийг туйлын цөхрөлийн үед ч туйлын эерэг найдварыг тээгээсэй гэж хүсдэг. Тэр шалтгаан нь чухам юунд байдаг вэ? (Иер 29:11; Иса 61:3, Иох 3:16)

Туйлын эерэг байхын ач холбогдол

Амьдралын хамгийн чухал зүйл бол өөрийнхөө тухай эерэг дүр төрхийг бий болгох явдал юм. Амьдрал миний бодсоноор, миний харж байгаагаар л өрнөдөг. Туйлын эерэг хандлага яагаад бидний амьдралд чухал байдаг вэ?

1. Эерэг хүн эрүүл

Сөрөг бодол, стресс нь сэтгэлийн болон бие махбодыг өвчлүүлдэг гэж их ярьдаг. Зүрх сэтгэлд санаа зовнил байвал сүнс шархалж, яс хатаж, эрүүл мэндийг хохироодог ч (Сур 15:13, 17:22; Дуу 39:13), зүрх сэтгэлдээ баяртай байвал бие болон сэтгэлийн эрүүл мэндэд тань эм болох юм (Сур 17:22). Сэтгэлийн амар амгалан, баяр баясгалан нь эерэг бодол, хандлагатай хүмүүсээс их илэрдэг.

АНУ-ын Үндэсний Эрүүл Мэндийн Хүрээлэнгийн доктор Эрик Эмерсон туршилтаар дамжуулан талархлын үг, эерэг үг хэллэгийг их хэрэглэх тусам биеийн дархлаа сайжирч, жижиг, том өвчнийг даван туулж, илүү эрүүл амьдрах боломжтой гэсэн дүгнэлтэд хүрсэн удаа бий.

Q Бид юуг хамгийн их хамгаалах ёстой вэ, яагаад? (Сур 4:23)

2. Эрүүл хүн жаргалтай

Эерэг хүмүүс илүү аз жаргалтай байдаг. Хоёр сэтгэл судлаач Калифорнийн "Миллс" коллежийн 1960 оны 141-р төгсөгчдийн төгсөлтийн зурагт дүн шинжилгээ хийж, эдгээр оюутнууд хэрхэн амьдарч байгааг дагаж үзжээ. Үүний үр дүнд чин сэтгэлээсээ инээмсэглэсэн бүсгүйчүүд илүү өндөр амжилтад хүрч, хүмүүс хоорондын харилцаа сайн, сэтгэл зүйн байдал тогтвортой, өндөр орлоготой болох нь тогтоогджээ.

Аз жаргалын талаар удаан хугацааны турш судалсан Америкийн эерэг байдлын сэтгэл зүйч, профессор Соня Любомирскийу мөн "Аз жаргалыг авчирдаг зүйл бол амьдралын эерэг хандлага юм" гэж хэлсэн. Элч Паул шоронд байхдаа ч "Үргэлж баярла" гэж зөвлөсөн байдаг. Нөхцөл байдлаас илүү чухал зүйл бол зүрх сэтгэлийн хандлага юм (Фил 4:4)

Q Амьдралдаа сайхан зүйлсийг идэж, зүрх сэтгэлдээ баяр баясгаланг олохын тулд бид юу хийх ёстой вэ?((Иса 55:2)

3. Эерэг хүн амжилтад хүрнэ

Амьдрал бол эерэг ба сөрөг дүр төрхийн хоорондох тулаан бөгөөд хүний сэтгэл бол эерэг ба сөрөг хоёрын хоорондох тулаан юм. Эрүүл амжилтад хүрэхийн тулд эерэг дүр төрхийг зурах дүрслэл чухал юм. Тиймээс амжилттайгаар баялаг бүтээж чадсан хүмүүс, спортоор хичээллэдэг хүмүүс дүрслэх юмуу зурагжуулах дасгалжуулалтын ач холбогдлыг мэддэг, хэрэгжүүлдэг байна.

Энерги долгион үүсгэж, бусад объектод урвал үүсгэхийг "синхрончлох үзэгдэл" гэж нэрлэдэг. Хүний сэтгэл хөдлөл ч мөн адил синхрончлолд ордог ба эерэг бодол, үг, үйлдэл нь ч мөн адил бусдыг дуурайж синрончлох үе бий (Сур 27:17). Тиймээс амжилтад хүрэхийн тулд эерэг энергитэй хүмүүстэй байх хэрэгтэй. Эхлээд би эерэг энергийн синхрончлолыг бий болгож, эерэг хамт олныг бий болгох ёстой.

Q

Та өөрийнхөө, бусдын болон ажлынхаа талаар ямар төсөөлөлтэй вэ? Түүнчлэн асуудлын талаар, чуулган, компани, хамт олныхоо талаар ямар төсөөлөлтэй байдаг вэ? Эерэг төсөөлөл үү, сөрөг төсөөлөл үү? (Ев 11:1)

4. Эерэг хүний сэргэх чадвар сайн

Сэргэх чадвар гэдэг нь аливаа бэрхшээл, зовлон зүдүүрийг туулсан хувь хүн эсвэл хамт олон сэтгэлээр унахгүйгээр сэргэж, эргэн байр сууриа олох юмуу илүү өндөр дэвшилт хийх боломжийг олгодог сэтгэлийн тэсвэр хатуужил, хүч чадлыг хэлдэг. Эерэг сэтгэдэг хүмүүсийн сэргэх чадвар өндөр байдаг тул аливаа бэрхшээлийг даван туулахдаа сайн байдаг. Профессор Эмми Вемерийн хэлснээр сэргэх чадварын гурван хүчин зүйл нь өөрийгөө удирдах чадвар, хүмүүстэй харилцах чадвар, эерэг хандлага бөгөөд эдгээрээс хамгийн чухал нь эерэг хандлага юм. Эерэг хандлагыг нэмэгдүүлбэл өөрийгөө удирдах чадвар, харилцах чадварыг нэгэн зэрэг нэмэгдүүлэх боломжтой бөгөөд эерэг байдлыг дадал зуршил болгосон хүн бүр сэргэх чадвараа нэмэгдүүлэх боломжтой гэж тайлбарладаг.

Эерэг хүмүүс саад бэрхшээлийг гишгүүр чулуу болгон өөрчилж чаддаг (Шүү 3:12-31). Зовлон зүдүүрт хандах хандлага нь хүний эерэг хандлагыг харуулдаг. Сөрөг хүмүүс жижиг асуудалд ч бүдэрдэг бол эерэг хүмүүс бэрхшээлийг даван туулж, Бурханы мөрөөдөлд хүрч чаддаг (Дуу 119:71).

Q

Элч Петр бидэнд сорилт, асуудал тулгарахад ямар хандлагатай байхыг зөвлөсөн бэ? (1Пе 1:6, 3:14, 4:12-13, 5:7)

5. Эерэг байдлын үзүүлэлтээ (PQ-Positivity Quotient) нэмэгдүүл

Хүн бүрийн оюуны чадварIQ мэдрэх чадварEQ өөр байдагтай адил хүн бүрийн эерэг чанарынPQ, үзүүлэлт бас өөр өөр байдаг. Бүлэг бүрд байгаа эерэг байдлын индекс шалгах хуудсаар эерэг байдлын индексээ үнэлнэ үү. Мөн сурах бичгийг судалж, дадлага хийснээр эерэг байдлын индексээ нэмэгдүүлээрэй. Хувь хүний эерэг байдлын үзүүлэлт нэмэгдэхийн хэрээр амьдрал, итгэл үнэмшилд утга учиртай өөрчлөлтүүд гарч, хамт олны эерэг байдлын үзүүлэлт нэмэгдэхийн хэрээр хамт олон шинэчлэгдэж, эрхэм зорилгодоо хүрэх боломжтой болдог. Та бүхэн үргэлжийн эерэг байдлын гайхамшгийг мэдрэх гол дүрүүд болох болно.

Тунгаан бодох ба тэмдэглэл

♬ Энэ хичээлийн хамт дуулах магтаал ♪

Төгс хүчит миний Бурхан Эзэн

Шийдвэр, хэрэгжүүлэлт

1. Өнгөрсөн долоо хоногт Бурханы надад өгсөн ивээлийн талаар хуваалцъя.

2. Бид үргэлж эерэг байхын ач холбогдлыг сурсан. Өнөөдрийн хичээлээс юу мэдэрч, ухаарснаа хуваалцъя.

3. Би эрүүл мэндийнхээ төлөө бодол санаагаа хэрхэн зохицуулж байна вэ?

4. Би одоо аз жаргалтай байна уу? Хэр их аз жаргалтай байгаагаа, хэрвээ сэтгэл хангалуун бус байгаа зүйл байвал яагаад гэдгийг хуваалцъя.

5. "Дөрвөн хэмжүүрт Туйлын эерэг байх Сүнслэг байгуулалт" сургалтаас юу хүлээж байгаагаа бие биетэйгээ хуваалцъя.

Өнөөдрийн даалгавар	Хэрэв танд ойрын хугацаанд тохиолдсон асуудал, санаа зовоосон зүйл байвал эерэг үр дүнгийн талаар бодож, бичээд үзээрэй.

Цээжлэх эшлэл

“Зүрх юугаан урьтан хамгаал
Амийн булгууд түүнээс ундарюу.”(Сургаалт үгс 4:23)

“Above all else, guard your heart, for it is the wellspring of life.”(Proverbs 4:23)

Тунхаг

“Би үргэлжийн эерэг байдлын үнэ цэнэ,
ач холбогдлыг ойлгож,
эерэг байдлын үзүүлэлтээ нэмэгдүүлэхэд
өөрийгөө зориулах болно!”

Тунгаан бодох үг

Хандлага бол өнгөрсөн үеэс бий болсон одоо үе бөгөөд ирээдүйг хэлж өгдөг эш үзүүлэгч юм.

Жон Максвелл

ЭРЭГ БАЙХУЙ

02

Туйлын эерэг Бурханд эерэг хандах нь

02 Туйлын эерэг Бурханд эерэг хандах нь

Нэгэн ирланд залууд хайрт сүйт бүсгүй нь хуримынхаа өмнөх өдөр живж амиа алдсан эмгэнэлт явдал тохиожээ. Залуу зовлонт газар, дурсамжаас зугтахын тулд Канад руу явав. Гэтэл түүнийг газарт буухаас нь өмнө төрсөн нутагт нь үлдсэн ээж нь хүнд өвчин тусаж, үхлүүт байна гэсэн сураг сонсогджээ. Түүнд хорвоогийн бүх золгүй явдал хар салхи шиг ирж байх шиг санагдав. Тэгээд тэр залуу Бурханы өмнө өвдөг сөгдөж, уйлан хашхирчээ. "Есүс, ээжийг минь эдгээгээч. Би бүх насаараа Бурханы алдрын төлөө амьдрах болно" гэв.

Энэ үед түүний зүрх сэтгэлд Бурханы тайтгарал, амар амгалан ирэв. Залуу төрсөн нутагтаа үлдсэн ээж рүүгээ захидал илгээж, биеийг нь асуутал хүнд өвчнөөр шаналж байсан ээж нь бүрэн эдгэрсэн тухай баярт мэдээг хүлээн авчээ. Тэр залууг Жозеф М.Скривен гэдэг. Цөхрөл дундаа туйлын эерэг итгэлээр өргөсөн Скривений залбирал нь ээжийг нь аварсан гайхамшиг болов. Түүнийг залбирах үед түүнд төрсөн онгод нь "Гэмийг үүрсэн Аврагч Эзэн" магтан дуу дууны үг болсон юм.

"Уруу татлага ямар ч зовлон байхгүй хүн хэн бэ,

Урам хугарч бүү шантраарай Эзэнд гуйлтаа өргөөрэй..." гэж тэр дуунд өгүүлдэг билээ.

Тунгаан бод!

Үргэлжийн эерэг итгэлээр залбирвал зам нээгдэнэ (Мт 7:7). Хэрвээ таны зам гацсан бол түүнийг хэрхэн залбирч, даван туулахаа бодоцгооё.

Positivity Quotient Check List

Туйлын эерэг байдлаа шалгах хүснэгт ☑

Таны эерэг итгэлийн үзүүлэлт (PQ) хэд вэ?

Өгөгдлүүдийг уншаад тохирох нүдийг чагтална уу!

Хэмжих асуултууд	Огт тийм биш	Тийм биш	Ихэнхдээ	Тийм	Яг тийм
	1 оноо	2 оноо	3 оноо	4 оноо	5 оноо
1. Бурхан бол амьдралын минь хамгийн чухал, хайртай оршихуй гэж би боддог.					
2. Намайг залбирах үед Бурхан миний хажууд байдаг гэдэгт би итгэдэг.					
3. Есүс Христийн загалмай нь Бурханы туйлын эерэг хайрыг надад харуулдаг гэдэгт би итгэдэг.					
4. Ямар ч зовлон, бэрхшээл тулгарсан Бурхан байгаа учраас шантардаггүй.					
5. Бурхантай өдөр бүр харилцаж, ярилцдаг.					
6. Хүссэн зүйл маань хурдан биелэхгүй бол яаралгүйгээр "Бурханы цаг ирнэ" гэж бодон тэвчдэг.					
7. Би итгэлийн амьдралаар амьдрахдаа Бурханы хайрыг маш их мэдэрч, сэтгэл минь хөдөлдөг.					
8. Би залбирахдаа дотор минь байгаа цөхрөл, сөрөг бодлууд алга болж байгаа олон удаа мэдэрсэн.					
9. Би өдөр бүр Бурханы үгийг уншиж, эргэцүүлдэг.					
10. Би сайн муу үе, амар амгалан, зовлон зүдүүрийн үе ч Бурханы дээд эрх мэдэлд байдаг гэдэгт итгэдэг.					

Асуулт бүрийн оноог нэмнэ.

Эерэг итгэлийн үзүүлэлтийн нийлбэр (_____ оноо)

Библийн хэсэг

Еврей 11:1-3 ба 6-г уншина уу!

> [1]Итгэл бол найддаг зүйлсийн маань бодит байдал, харагдахгүй
> зүйлсийн баталгаа мөн. [2]Учир нь ахмадууд түүгээр гэрчлэлийг
> хүлээн авсан аж. [3]Бурханы үгээр ертөнц бүтээгдсэн бөгөөд тийнхүү
> харагдах зүйлс нь үзэгдэх зүйлсээс бий болгогдоогүйг бид итгэлээр
> ойлгодог... [6]Итгэлгүйгээр таалагдана гэдэг боломжгүй юм. Учир нь
> Бурханд ойртон буй нь Тэр байдаг гэдэгт болон Өөрийг нь хайгчдад
> Тэр Шагнагч нь болдог гэдэгт итгэх ёстой.

1. Өнөөдрийн Бурханы үгэнд итгэлийг хэрхэн тодорхойлсон байна вэ? (Ев 11:1) Итгэлийн тодорхойлолтоос бид юу сурч болох вэ?

2. Бүх ертөнц ба бүтээлүүд юунаас бий болсон гэсэн байна вэ? (Ев 11:3)

3. "Харагдах зүйлс нь үзэгдэх зүйлсээс бий болгогдоогүй" (Ев 11:3) гэсэн үг нь ямар утгатай вэ? Дөрвөн хэмжээст сүнслэг чанартай уялдуулан эргэцүүлье.

4. Бурханд юу хамгийн их таалагддаг вэ? (Ев 11:6) Би Бурханд хэр зэрэг таалагддаг вэ?

5. Бид Бурханы өмнө ирэхдээ ямар итгэл үнэмшилтэй байх ёстой вэ? (Ев 11:6)

Туйлын эерэг Бурханд эерэг хандах нь

Бүх эерэг байдлын эхлэл ба цөм нь Бурханы талаарх эерэг хандлага юм. Энэ хичээлээр Библиэс Бурхан гэж хэн болох мөн Бурханд туйлын эерэг итгэлээр итгэх нь яагаад чухал болохыг сурах болно.

1. Бурхан бол туйлын эерэг Бурхан юм

Бурхан бол туйлын эерэг сайн Бурхан юм. Бурхан тэнгэр, газар, хүн төрөлхтнийг бүтээснийхээ дараа бүтээсэн бүхнээ харахад нэн сайхан байна гэж хэлсэн (Эх 1:31), Мөн хүн гэм нүгэлд унасны дараа ч Тэр ертөнцийг үнэхээр их хайрласан тул (Иох 3:16) Есүсээр дамжуулан авралын төлөвлөгөөг бий болгосон (Еф 1:4). Христитгэл бол Есүсийн загалмай дээр төвлөрсөн туйлын эерэг итгэл юм.

Сайнмэдээнд сөрөг зүйл огт байхгүй. Загалмайн сайнмэдээ бол бүрэн, төгс бөгөөд бидэнд хандсан Бурханы үргэлжийн эерэг мэдээ юм. Сайн Бурхан бидний сэтгэл сүнс сайн сайхан байж, бүх зүйл сайн сайхан, бие махбодын хувьд эрүүл энх байгаасай гэж хүсдэг (3Ио 1:2). Хэрэв та Есүст итгэвэл мөнх амьдралыг хүлээн авч, Ариун Сүнсээр дүүрч, сүнслэг болон махбодын эдгэрэлтийг хүлээн авч, бүх зүйл сайхан болж, Есүсийн хоёр дахь ирэлтийн дараа мөнхийн улсад орох болно. Тиймээс сайнмэдээ бол агуу баяр баясгалангийн сайнмэдээ юм (Лк 2:10).

Q Библид "Эзэн сайн гэдгийг амсаж үз"гэж хэлсэн байдаг (Дуу 34:8). Сайн Бурханд итгэх итгэл тань ганхаж байсан уу?

2. Бурханы агуу хайр

Библийн гол дүр бол Есүс Христ бөгөөд сэдэв нь Бурханы хайр юм (Иох 3:16; 1Ио 4:19). Хэрэв Бурханы биднийг гэсэн хязгааргүй хайрыг ухаарвал ямар ч зовлон зүдүүр, цөхрөлтэй тулгарсан ч туйлын эерэг итгэлээр Бурханд найдаж чадна. Учир нь бүх зүйл Бурханыг хайрладаг, Түүний зорилгын дагуу дуудагдсан хүмүүсийн сайн сайхны төлөө ажилладаг (Ром 8:28). Нүглээр бохирдсон хүнд эерэг зүйл байдаггүй. Гэвч Есүсийн загалмай бидний бүх сөрөг талыг эерэг болгон өөрчилсөн. Бурханы хайр ба дээд эрх мэдэлд итгэдэг хүмүүс үргэлжийн эерэг итгэлээр урагшилж чадна (Ев 11:6).

Бурхан биднийг бүтээхээсээ өмнө сонгож, биднийг дуудаж, хайртай хүүхдүүдээ болгосон. "Би чамайг аварсан учир Бүү айгтун. Би чамайг нэрээр чинь дуудсан. Чи Минийх" (Иса 43:1). Пастор Жу Юн Гигийн онцолсон Дөрөв дэх хэмжээст Сүнслэг зарчмын Бурханы бодол санаа, Бурханд итгэх итгэл, Бурханы мөрөөдөл, Бурханы үг хэл гэсэн хэсгийн гол цөм нь "Бурханы үргэлжийн эерэг хайр" юм.

Q

Бурханы таныг гэсэн хувьчилсан болон хүнлэг хайрыг хэзээ, хэрхэн ухаарсан бэ? (Иса 43:1) Энэ тухай эргэцүүлэн бодож, туршлагаа хамтдаа хуваалцъя.

3. Харанхуйн дунд ч эерэг байдлын гэрлийг тусгадаг Бурхан

Зураг зурдаг олон тоглоомуудын нэг бол мозаик тоглоом юм. Мозаикаар тоглохын тулд танд цайвар болон бараан өнгийн цаас хоёулаа хэрэгтэй. Цайвар болон бараан өнгийг зөв ашиглаж, байрлуулж байж та сайхан бүтээлийг бий болгоно. Бидний амьдрал ч мөн адил. Зөвхөн баяр баясгалан, бахархал төдийгүй уйтгар гуниг, шаналал, зовлон зүдүүр бүгд нийлж амьдрал хэмээх гайхалтай зургийг бий болгодог. Иймээс хүнд хэцүү, харанхуйд ч гэсэн бид Бурханы үнэн, хайр, гэрлийг олж харж, үргэлжийн эерэг итгэлээ алдахгүй байх ёстой (Иса 45:7).

Сатан захирагч Пилат болон иудейчүүдийн удирдагчдаар дамжуулан Бурханы Хүүг алсан боловч Бурхан энэ үйл явдлыг бүх хүмүүсийг аврах зам болгосон. Зүүдлэгч итгэлийн хүн Иосефын хувьд 13 жилийн зовлон зүдүүр нь бүтэлгүйтэл биш, харин өөрийгөө болон ард түмнээ аврах зам болсон. Иосеф өөрөөс нь урваж, худалдсан ах нартаа Бурханы дээд эрх мэдэл, хайр байсныг өчдөг (Эх 50:20).

Дорнын зөв шударга хүн Иов маш их зовлон зүдүүрийг туулж, эд хөрөнгө, гэр бүл, тэр байтугай эрүүл мэндээрээ ч хохирсон. Гэсэн хэдий ч Иов бүх зовлон зүдүүрийн дунд гомдоллоогүй, харин оронд нь үргэлжийн эерэг Бурханд итгэснээр хоёр дахин ивээлийг авсан билээ (Иов 1:22, 42:10).

Q Зовлон зүдүүр, цөхрөл ирэх үед би юуг санах ёстой вэ? (Иса 45:7)

4. Гайхамшгийг дагуулах туйлын эерэг итгэл

Бурхан бол сайн Бурхан, итгэмжит Бурхан, хайрын Бурхан гэдэгт бид итгэх ёстой. Амьдрал хэчнээн хүнд, хэцүү байсан ч туйлын эерэг итгэлтэй байвал бүх зүйлд сайн сайхны төлөө хамтран ажиллах Бурханы ажлыг мэдрэх болно. Бурхан биднийг ерөөж, мөрөөдөл, найдварыг өгөхийг хүсдэг (Иер 29:11). "Бурханд залбираад гарз гарсан тохиолдол нэг ч үгүй" гэдгийг санах ёстой. Хамгийн сайн төлөвлөгөөтэй Бурхан хамгийн сайн цагт, хамгийн сайн аргаар ажиллана гэдэгт бид итгэх ёстой.

Бид Бурханы итгэмжит байдалд итгэх ёстой (2Ко 1:18). Тэрээр Өөртөө үнэнчээр итгэдэг хэний ч урмыг хугалахгүй. Бурхан бол замгүй газар зам тавьж, хаалттай хаалгыг нээж өгдөг Нэгэн юм. Бид хийж чадахгүй, харин Бурхан чадна. Хэрэв та туйлын эерэг итгэлээр залбирч, хүлээвэл гайхамшиг тохиолдох нь гарцаагүй.

Q

Хезекиа үхлийн өмнө ямар хандлага үзүүлсэн бэ?
Бурхан түүнд хэрхэн хариулсан бэ? (Иса 38:1-8)

Тунгаан бодох ба тэмдэглэл

♬ Энэ хичээлийн хамт дуулах магтаал ♪

Дахин нэг үр жимсийг хүсэн

Шийдвэр, хэрэгжүүлэлт

1. Өнгөрсөн долоо хоногт Бурханы надад өгсөн ивээлийн талаар хуваалцъя.

2. Энэ хүртэл бид туйлын эерэг Бурханд эерэг хандах тухай сурсан. Өнөөдрийн хичээлээс юу мэдэрч, ухаарснаа хуваалцъя.

3. "Есүсийн загалмай бүх сөрөг зүйлийг эерэг болгон өөрчилсөн" гэсэн үгийн утгыг тунгаан бодож, хуваалцацгаая.

4. Ямар ч зовлон зүдүүр, цөхрөлийн дунд бид яагаад шантралгүй, үргэлжийн эерэг итгэлтэй байх ёстой вэ? (Ром 8:28)

5. Үргэлжийн эерэг итгэлийн залбирлаар Бурханы гайхамшгийг мэдэрч байсан тухайгаа бодож, хуваалцацгаая.

Өнөөдрийн даалгавар	Библиэс туйлын эерэг итгэлтэй гурван хүнийг сонгож, үлгэр жишээ авах зүйлсийг нь бичиж үзэцгээе.

Цээжлэх эшлэл

"Бурханыг хайрладаг, Түүний зорилгын дагуу дуудагдсан хүмүүсийн сайн сайхны төлөө бүх юм хамтдаа ажилладаг гэдгийг бид мэднэ" (Ром 8:28)

"We know that in all things God works for the good of those who love him, who have been called according to his purpose." (Romans 8:28)

Тунхаг

"Бурхан бол туйлын эерэг Бурхан гэдэгт итгэж, Түүнд бүрэн найдах болно!"

Тунгаан бодох үг

"Боломжгүй гэдэг үгийг хэзээ ч биттгий хэл. Зүгээр л хогийн саванд хий"

Гёте

ЭРЭГ БАЙХУЙ

Дөрөв дэх хэмжээст
"Туйлын Эерэг Байдал" Сургалт

03

Таван төрлийн эерэг байдал (1): Өөртөө эерэг хандах нь

03 Таван төрлийн эерэг байдал (1): Өөртөө эерэг хандах нь

Шуналгүй, сайхан сэтгэлт гуйлгачин байжээ. Нэгэн өдөр Бурхан гуйлгачинд үзэгдэж "Би чамд юу хүссэнийг чинь өгнө. Гурван зүйлийг л хэл" гэв. Хэсэг бодсоны дараа гуйлгачин гуйлга гуйхдаа цагаан будаа, хачир хийх хөнгөн цагаан лааз өгөхийг хамгийн түрүүнд хүсэв. Гуйлгачны хоёр дахь хүсэл нь хөнгөн цагаан лааznaас илүү бат бөх зэвэрдэггүй ган лаазтай болох явдал байв. Бурхан "Чиний эцсийн хүсэл юу вэ? Би чиний хүссэн бүхнийг биелүүлэх болно" гэж хэлэв. Гуйлгачин удаан бодсоны эцэст "Бурхан минь, энэ бол миний сүүлчийн хүсэл. Надад хоолны халуун сав өгөөч" гэв. Түүнд гуйлга гуйж олсон хоолоо халуунаар нь хадгалах сав хэрэгтэй байв.

Энэ гуйлгачин яагаад ийм зүйл гуйсан юм бол? Энэ нь түүний өөрийнхөө талаарх ойлголттой холбоотой юм. Тэрээр Төгс хүчит Бурханы өмнө зогссон боловч өөрийгөө гуйлгачин л гэж харсан тул түүний залбирал зөвхөн гоё лаазтай болохоор хязгаарлагдаж байв. Эерэг ирээдүй нь өөрийнхөө талаарх эерэг бодлоос эхэлдэг. Элч Паул тунхаглаж байна. "Эдүгээ дотор маань ажилладаг хүчний дагуу гуйх буюу бодох бүхнээс минь илүү хэмжээлшгүй бялахлаар үйлдэх чадвартай Түүнд..." (Ром 3:20).

Тунгаан бод!

Өөрийн талаарх ойлголт гэж юу болох, энэ нь миний залбиралд хэрхэн нөлөөлдөг талаар бодоцгооё.

Positivity Quotient Check List

Туйлын эерэг байдлаа шалгах хүснэгт ☑

Өөртөө эерэг хандах хандлагын үзүүлэлт (PQ) хэд вэ?

Өгөгдлүүдийг уншаад тохирох нүдийг чагтална уу!

Хэмжих асуултууд	Огт тийм биш	Тийм биш	Ихэнхдээ	Тийм	Яг тийм
	1 оноо	2 оноо	3 оноо	4 оноо	5 оноо
1. Би өөрийгөө дур булаам гэж боддог.					
2. Өөрийгөө бусадтай харьцуулж өөрийгөө дорд үздэггүй.					
3. Бурхан намайг онцгой, нандинаар бүтээсэн гэдэгт итгэдэг.					
4. Би өөрийгөө хайрлуулах бүрэн эрхтэй гэж боддог.					
5. Би одоо аз жаргалтай байна.					
6. Бусдын хов жив, шүүмжлэл надад тийм ч их нөлөөлдөггүй.					
7. Би өөрийн гэсэн өвөрмөц авьяастай, үнэ цэнтэй гэдэгт итгэдэг.					
8. Би өөрийгөө үнэлж, хайрладаг.					
9. Би ямар ч ажлыг сайн хийж чадна гэж боддог.					
10. Би ирээдүйгээ төсөөлж, түүнийгээ тунхаглаж, ерөөдөг.					

Асуулт бүрийн оноог нэмнэ.
Өөртөө эерэг хандах хандлагын
үзүүлэлтийн нийлбэр (_____ оноо)

Библийн хэсэг

Дуулал 139:14-18-ыг уншина уу.

[14]Би аймшигтай болоод гайхамшигтай бүтээгдсэн тул Танд талархал
өргөнө. Таны үйлс гайхалтай бөгөөд сэтгэл минь ч сайн мэднэ.
[15]Намайг нууц дотор бүрэлдэж, газрын гүнд урнаар шаглагдаж байхад
ч яс минь Танаас нууцлагдаагүй. [16]Төрхөө олоогүй хөврөл байхад
минь Таны нүд харж л байсан. Надад тогтоогдсон өдрүүд болоогүй
байхад Бүгд номд тань бичигдсэн байжээ. [17]Аяа Бурхан, надад хандсан
бодлууд тань хичнээн нандин бэ! Нийлбэр нь хичнээн их вэ! [18]Би
тэдгээрийг тоолбол тэд элсний ширхгээс ч даван гарна. Сэрэхдээ ч би
Тантай хамт билээ.

1. Бурхан биднийг хэрхэн бүтээсэн гэж Бичвэрт хэлж байна вэ? (Дуу 139:14)

2. "Миний дүр Танаас нууцлагдаагүй" гэсэн нь ямар утгатай вэ? (Дуу 139:15 харьц. Иов 34:21, Дуу 7:9)

3. Эзэн миний талаар ямар бодолтой байдаг вэ? (Дуу 138:17) "Тэд элсний ширхгээс ч даван гарна" гэсэн нь ямар утгатай вэ? (Дуу 139:18)

4. Бид Бурханы өгсөн дуудлагын дагуу амьдрах ёстой. Бидний амьдралын өдрүүдийн тоог хаана бичээстэй байгаа гэсэн бэ? (Дуу 139:16) Энэ нь ямар утгатай вэ? (Дуу 90:12)

5. Лев Толстой "Хүн талхаар биш, хайраар амьдардаг" гэж хэлсэн байдаг. Бидэнд хэрэгтэй сүнслэг хоол юу вэ? (Иса 49:15-16; Мт 4:4)

Өөртөө эерэг хандах нь

Эерэг бодлоор зүрхээ хамгаалах ёстой (Сур 4:23). Зүрхээ хамгаалах хамгийн чухал арга бол өөрийнхөө тухай эергээр бодох явдал юм. Хэрэв таны өөртөө эерэг хандах суурь нурвал амьдралын суурь бүхэлдээ нурах болно.

1. Өөртөө эерэг хандахын ач тус

1) Өөртөө эерэг хандах болон амьдралын аз жаргал

Муу ёрын сүнс хүн рүү байнга довтолж, сөрөг бодол, өөрийгөө үнэлэх үнэлэмжийг бууруулж, бидний зүрх сэтгэлд урам хугарах, айдас, шарх ба уур хилэн, бусадтай харьцуулах, өөрийгөө дорд үзэх мэдрэмжийг суулгадаг. Өөрийгөө хүндэлдэггүй, хайрладаггүй хүмүүс зугаа цэнгэлд амархан донтож, юу ч хийсэн аз жаргалыг мэдэрч чаддаггүй. Тиймээс бусадтай харьцуулах замаар аз жаргалыг мэдрэх биш, харин Бурханы хүсдэг хамгийн дээд түвшнээр өөртөө эерэг хандан жинхэнэ аз жаргалыг мэдрэхийг хүсэж байна (2Ко 10:12). Бурханы бидэнд өгсөн авьяас, бэлэг, давуу талынхаа талаар бодож, талархацгаая.

2) Өөртөө эерэг хандах ба бусадтай амжилттай харилцах

Өөртөө эерэг хандаж, хайрладаг хүмүүс Бурханыг болон бусдыг хайрлаж, хүмүүс хоорондын харилцаанд амжилттай байдаг. Өөрийгөө хайрын нүдээр харж чаддаггүй хүн бусдыг хайрын нүдээр харж чадахгүй. Хэрэв та өөрийгөө өчүүхэн гэж үзвэл бусад хүмүүс ч бас таныг үл тоомсорлоно. Харин та өөртөө эерэг хандаж, хайрлавал бусдад ч эерэг хандаж мөн бусдаар хүндлүүлэх болно (Еф 5:28).

3) Өөртөө эерэг хандах ба Бурханы дуудлага

Өөртөө эерэг ханддаг хүн Бурханы зорилго, дуудлагыг биелүүлж амьдардаг. Хүний өөрийн талаарх ойлголт нь түүний бодол санаа, залбирлын түвшнийг тодорхойлдог. Тиймээс та Ариун Сүнсээр дүүрэх үед өөрийн үнэ цэнэ, дуудлагыг ухаарч, Бурханы алсын хараа, мөрөөдлийг хүлээн авах болно (Иое 2:28).

Q Өөрийн давуу талуудын талаар дор хаяж 5 зүйлийг бичээд хуваалцъя.

2. Өөртөө эерэг хандах арга

1) Та бол Бурханы шилдэг бүтээл гэдгээ сана

Өөртөө эерэг хандахын тулд эхлээд Бүтээгч Бурханы гайхамшигт бүтээл гэдгээ ухаарах ёстой. Алдарт хөгжмийн зохиолч, зураачийн бүтээсэн аливаа бүтээл гайхалтай бүтээл болдог. Төгс хүчит, Бүтээгч Бурхан Өөрөө бүтээсэн учраас бидний хүн нэг бүр Бурханы гайхамшигт бүтээл юм (Дуу 139:14). Хүн төрөлхтний түүхэнд "Би" хэмээх оршихуй ганц л бий. Та өөрийнхөө үнэ цэнийг ухамсарлаж, өөрийгөө хүндэлж, "Бурханы хайртай нэгэн" гэсэн эерэг бодолтой болох хэрэгтэй.

Q Библид биднийг аз жаргалтай хүмүүс гэж хэлдэг. Ингэж хэлэх шалтгаан нь юу вэ? (Дх 33:29)

2) Загалмайн нүдээр өөрийгөө хар

Загалмай бидэнд хоёр чухал үнэнийг ойлгуулдаг. Нэгт, бидний нүглийн төлөөс маш хүнд тул Бурхан Есүсийг үхүүлэхээр шийдсэн (Ром 3:23). Хоёрт, Бурхан биднийг маш их хайрладаг тул Хүүгээ үхүүлсэн (Гал 2:20). Загалмай нь хүн төрөлхтний асар их гэм нүгэл болон Бурханы агуу хайрыг нэгэн зэрэг харуулдаг. Бид Бурхан Эцэгийн агуу хайрыг загалмайн нүдээр мэдэрч, өөрийнхөө талаар эерэг бодолтой болох хэрэгтэй (Иса 49:15-16).

Q	Библид биднийг юу гэж хэлдэг вэ? (1Пе 2:9)

3) Өөрийн сул талаа хүлээн зөвшөөрч, Бурханд даатга

Өөртөө эерэг хандах, бардамнал хоёр нь огт өөр зүйл. Өөртөө эерэг хандах зөв арга нь Бурханы өмнө сул дорой байдлаа бүрэн хүлээн зөвшөөрөхөөс эхэлдэг. Өөрийнхөө сул доройг мэддэг хүн даруу байж, зөвхөн Бурханд л найддаг (2Шс 33:12, 1Пе 5:5). Бас Бурханд бүрэн дүүрэн эерэг хандах нь хүч чадал, зориг, өөртөө итгэх итгэл, алсын харааг өгдөг. Сул дорой, дутагдалтай, хүнд хэцүү нөхцөлд байсан ч Бурханд найдаж, туйлын эерэг итгэлээр урагшлах үедээ өөрийн талаар эерэг хөрөгтэй (бодолтой) болж, Бурханы дуудлагыг биелүүлдэг.

Q	Мосе, Давид, Паулын үйлдсэн нийтлэг ямар гэм нүгэл байдаг вэ? (Гэт 2:12, 2См 11:15, Үйл 7:58), Үүнд ямар сүнслэг сургамжууд агуулагдаж байна вэ?

4) Өөрийгөө эш үзүүллэгээр ерөө

Эш үзүүллэг гэдэг нь Бурханы хайрын зүрх сэтгэлээр Бурханы бодол санаа, үгсийг Бурханы өмнөөс хэлж, тунхаглахыг хэлдэг (Иер 2:1, 1Ко 14:1, 3). Эш үзүүллэгийн үгсийг эхлээд өөртөө хэрэгжүүлэх ёстой. Бурхан Абрахамд "Чи ерөөл болтугай" гэсэн (Эх 12:2). Абрахамын үр удам бидний хувьд ч мөн адил. Есүст итгэснээр бид ерөөл болсон (Гал 3:14). Биднийг гэсэн Бурханы хайрыг мэддэг хүн бүр өөрийгөө зөгнөн ерөөж болно. Толинд хараад, нэрээ дуудан өөрийгөө ерөөгөөрэй. "________________-ээ, чи аль хэдийн ерөөл болсон. Чамаар дамжуулан олон хүн тэнгэр, газрын ерөөлийг хүлээн авах болно"

Q Өөрийгөө хэрхэн ерөөх талаар дадлага хийж үзэцгээе!

____

____

Тунгаан бодох ба тэмдэглэл

♬ Энэ хичээлийн хамт дуулах магтаал ♪

Эзэний агуу хайрыг

Шийдвэр, хэрэгжүүлэлт

1. Өнгөрсөн долоо хоногт Бурханы надад өгсөн ивээлийн талаар хуваалцъя.

2. Энэ хүртэл бид "Өөртөө эерэг хандах" талаар сурлаа. Өнөөдрийн хичээлээс юу мэдэрч, ухаарснаа хуваалцъя.

3. Өөртөө эерэг хандах нь хэр чухал болох шалтгаануудын аль нь таны сэтгэлд нийцэж байна вэ?

4. Өөртөө зөвөөр эерэг хандахын тулд танд юу хамгийн их хэрэгтэй гэж бодож байна вэ?

5. Өөрийн давуу тал, авьяасаар дамжуулан Бурханы алсын хараа, дуудлага юу болох талаар бодож, хуваалцъя.

Өнөөдрийн даалгавар	Өөрийнхөө одоо, ирээдүйнхээ төлөө эш үзүүлэн ерөөсөн үгс бичих

Цээжлэх эшлэл

"Миний нэрээр дуудагдсан хүн бүрийг авчрагтун.
Учир нь Би түүнийг алдрынхаа төлөө бүтээж,
хэлбэржүүлж, хийсэн гэж айлдана" (Исаиа 43:7)

"Everyone who is called by my name, whom I created for my glory,
whom I formed and made"(Isaiah 43:7)

Тунхаг

"Би бол Бурханы гайхамшигт бүтээл бөгөөд Тэр намайг
ерөөж, ашиглах болно гэдэгт би итгэдэг!"

Тунгаан бодох үг

"Хэрэв та эерэг сэтгэлгээтэй бол
саад бэрхшээлийн оронд боломжийг
олж харах боломжтой болно"

Видад Акрави

ЭРЭГ БАЙХУЙ

Дөрөв дэх хэмжээст
"Туйлын Эерэг Байдал" Сургалт

04

Таван төрлийн эерэг байдал (2): Бусдад эерэг хандах нь

04 Таван төрлийн эерэг байдал (2): Бусдад эерэг хандах нь

Жил бүрийн 4 сарын 15-нд Америкийн дээд лигийн бүх тоглогчид домогт бейсболчин Жеки Робинсоны анхны тоглолтын дурсгалд зориулж 42 дугаартай дүрэмт хувцас өмсөж тэмцээнд оролцдог. Жеки Робинсон бол дээд лигийн анхны хар арьст тоглогч бөгөөд 1947 онд оны шилдэг шинэ тоглогч, 1949 онд лигийн цохилтын аварга, MVP болж, 1962 онд Алдрын танхимд нэрээ мөнхрүүлсэн хүн.

Тухайн үед цагаан арьстныг дээрд үзэх үзэл газар авч байсан тул Робинсон үргэлж гадуурхагдаж, доог тохуу болдог байв. Нэг өдөр тэр тоглолтын үеэр алдаа гаргажээ. Үзэгчдээс чанга хашхирч, хараал урсгаж, уур амьсгал улам хурцдаж байв. Тухайн үед багийн хамтрагч Пи Ви Рис нь Робинсон дээр ирээд түүнийг тэврэн тэр хоёр инээлдэн ярилцав. Цэнгэлдэх хүрээлэнгийн уур амьсгал хормын дотор өөрчлөгдөв. Робинсон энэ үед өөрийгөө дахин төрсөн гэж хэлжээ. Хамтрагчийнх нь өгсөн урам зориг байгаагүй бол домог гэгддэг тоглогч ч маань төрөн гарахгүй байлаа.

Тунгаан бод!

Би уулзсан хүмүүстээ элдэг хандаж, тэднийг Бурханы нүдээр харж байна уу?

Positivity Quotient Check List

Туйлын эерэг байдлаа шалгах хүснэгт ☑

Бусдад эерэг хандах хандлагын үзүүлэлт (PQ) хэд вэ?

Өгөгдлүүдийг уншаад тохирох нүдийг чагтална уу!

Хэмжих асуултууд	Огт тийм биш	Тийм биш	Ихэнх-дээ	Тийм	Яг тийм
	1 оноо	2 оноо	3 оноо	4 оноо	5 оноо
1. Бусдыг харахдаа сул талыг нь харахаас илүү давуу талыг нь харахыг хичээдэг.					
2. Надаас өөр бодолтой хүмүүстэй ярилцах хэцүү биш.					
3. Хүнд нөхцөлд байгаа хүмүүст туслахдаа баяртай байдаг.					
4. Бусдын мэдрэмжид анхааралтай хандаж, үнэлдэг.					
5. Хүмүүстэй харилцахдаа инээмсэглэж, элдэг байдлаа алддаггүй.					
6. Би уулзсан хүмүүсээ үнэлж, ерөөдөг.					
7. Бусдад төлөө бол алдагдал хүлээж чадна.					
8. Намайг буруугаар ойлгож, үзэн яддаг хүмүүст хүртэл элдэг хандаж чадна.					
9. Би хүмүүсийг урамшуулж, магтдаг.					
10. Намайг гомдоож, зовоосон хүмүүсийг ч уучилж чаддаг.					

Асуулт бүрийн оноог нэмнэ.
Бусдад эерэг хандах хандлагын
үзүүлэлтийн нийлбэр (_____ оноо)

Библийн хэсэг

Матай 20:25~28 хэсгийг уншина уу!

[25]Харин Есүс тэднийг дуудаад, —Харийнхны захирагчид тэднийг
ноёрхдог бөгөөд ихэс дээдэс нь тэднийг эрхшээдгийг та нар мэднэ.
[26]Та нарын дунд бүү ийм байг. Харин та нарын дунд хэн чинь
агуу болохыг хүснэ, тэр нь та нарын зарц болог. [27]Мөн та нарын
дунд хэн чинь тэргүүнд байхыг хүснэ, тэр нь та нарын боол
болог. [28]Үүнчлэн Хүний Хүү үйлчлүүлэхийн тулд бус, харин
үйлчлэхийн тулд мөн олны төлөө амиа золиос болгон өгөхийн
тулд ирсэн билээ гэв.

1. Есүс энэ ертөнцийн эрх мэдэлтэй хүмүүс бусадтай хэрхэн харьцдаг гэж хэлсэн бэ? (Мт 20:25)

2. Бурханы хүүхдүүд болсон Есүсийн дагалдагчид бусадтай хэрхэн харьцах ёстой вэ? (Мт 20:26-27)

3. Есүс энэ дэлхийд юуны төлөө ирсэн бэ? (Мт 20:28)

4. Дэлхийн ба сүнслэг удирдлага хоёрын хооронд ямар ялгаа байдаг вэ? (Мт 20:25-27)

5. Библийн хэсэг дэх "бусдад үйлчлэх" гэсний утгыг бодож, хуваалцацгаая.

Бусдад эерэг хандах нь

Бид туйлын эерэг Бурхантай уулзах үедээ өөрийн болон бусдын тухай бодол маань өөрчлөгддөг. Энэ нь Бурханы нүдээр бусдыг харж, Бурханы чихээр бусдыг сонсож, Бурханы гараар бусдын нулимсыг арчиж, Бурханы хөлөөр ганцаардмал хүмүүстэй хамт алхаж, Бурханы хайрыг бусдад түгээхэд хүргэдэг.

1. Бусдад эерэг хандахын ач холбогдол

1) Бурханы хайрын нотолгоо болно

Библид Бурханыг хайрладаг атлаа хөршүүдээ болон ах дүүсээ хайрлахгүй байх боломжгүй гэж хэлдэг (1Ио 4:7-8; Гал 5:14). Бурханд хайртай гэдэг хэрнээ Түүний хайрладаг хүмүүсийг үзэн ядаж болохгүй (Иох 3:16). Бурханыг хайрлах нь хөршөө хайрлах шалтгаан бөгөөд хөршөө хайрлах нь Бурханыг хайрлах хайрын үр жимс юм.

2) Ерөөлийн суваг болно

Бурхан Абрахамд "Чи ерөөл болтугай... газар дэлхийн бүх овог чамаар ерөөгдөх болно" гэсэн амлалтыг өгсөн (Эх 12:2-3) Түүгээр дамжуулан дэлхийн бүх ард түмэн Бурханыг мэдэх ерөөлийг хүртээсэй гэж хүссэн юм. Бурханы Абрахамд өгсөн үгс өнөөдөр бидэнд ч хамаатай. Намайг итгэлээрээ ерөөлийн суваг болоход Бурханы ивээл, хайр миний эргэн тойрны хүмүүс, сүм чуулган, улс болон үндэстнүүд рүү урсах болно..

3) Өөрт ч бас ашигтай

Америкийн сэтгэл судлаач Адам Грант "өөрийн эрх ашгийг нэгдүгээрт тавьдаг хүн, авсан хэрээрээ буцааж өгдөг хүнээс бусдын эрх ашгийг нэгдүгээрт тавьдаг хүний амжилтад хүрэх магадлал өндөр" гэж хэлжээ (Үйл 20:35).Анхаарал халамж, сайхан сэтгэл нь таныг бусадтай илүү сайн харилцаа тогтооход тусалж, таныг болон бусдыг ч амжилтад хүргэдэг гэсэн үг юм. Бусдад эерэг хандаж, бусдыг амжилтад хүрэхэд туслах нь миний амжилтад хүрэх арга мөн (Үйл 6:38).

Q Элч Паул "Бие биенээ өөрсдөөсөө дээгүүр дээдлэн хүндэл" гэж хэлсэн (Ром 12:10) Энэ үгийн учир шалтгаан, утгыг тунгаан бодоцгооё.

---

2. Бусдад эерэг хандах арга

1) Эерэг үгийг хэл

Харилцааны мэргэжилтэн, доктор Жон М.Готтман аз жаргалтай хосууд сөрөг үгсээс дор хаяж тав дахин их эерэг үг хэрэглэдэг гэж хэлжээ. Үүнийг Готтманы 5:1 дүрэм гэж нэрлэдэг. Бусадтай харьцахдаа хүлээн зөвшөөрөх, урамшуулах, магтах зэрэг эерэг үгсийг олон хэлэх нь чухал (Сур 7:21). Америкийн улс төрч Бенжамин Франклин "Амжилтын нууц нь хов жив ярих биш харин нөгөө хүнийхээ давуу талыг илчлэх явдал юм" гэж хэлжээ. Эерэг үг хэллэг нь биднийг амжилттай харилцаанд хүргэдэг.

Q Эерэг, сайхан үгс бие болон сэтгэлд ямар нөлөө үзүүлдэг вэ? (Сур 16:24)

---

2) Ерөөлийн үгсийг хэл

Ерөөлийн эх үндэс бол Бурхан боловч (Эх 1:28), тэрхүү ерөөл нь итгэлийн хүмүүсийн үгнээс эхэлдэг (Тоо 6:27, 2Шс 30:27). Бурхан хаант тахилч болсон бидэнд ерөөх эрх мэдлийг өгсөн (Тоо 23:20, Дуу 118:26) Хэрэв би гүтгэлэг, хараалын үгсийг ярьвал надад хор хөнөөл нь ирнэ (Дуу 109:18). Тиймээс гэр бүл, үр хүүхдээ ерөөж (Эх 49:28, 2См 6:20), дээд тушаалтнаа ерөөж (1Ха 1:47), үл итгэгчдийг ч ерөөх ёстой (Эх 47:10). Биднийг хавчдаг хүмүүсийг ч (Ром 12:14), идэж буй хоол хүнсээ ч (Мк 8:7), ирээдүйгээ ч ерөөж чадна (Ев 11:20). Бид үхэн үхтлээ хүмүүсийг ерөөх ариун дуудлагыг биелүүлэх ёстой (Дх 33:1).

Q Элч Паул Ром дахь чуулган руу очихдоо юу авч очно гэж хэлсэн бэ? (Ром 15:29)

3) Найрсаг ханд

Сайхан сэтгэл, нигүүлсэл нь Ариун Сүнсний есөн үр жимсний нэг (Гал 5:22-23). Талмуд дээр "Танихгүй хүнд эелдэг хандах нь тэнгэрэлчид эелдэг хандаж байгаатай адил" гэсэн үг байдаг (Эх 18, Ев 13:2). Бурхан бидний бусдад хийж буй найрсаг үйлдэл ба найрсаг үгс бүрийг харж байдаг. Хэрэв таны зүрх сэтгэл, үйлдэл эелдэг бус байвал Бурханы Ариун Сүнс гомдож магадгүй юм (Еф 4:30-32). Мөн эелдэг хүн хүндлэгдэж (Сур 19:22; Ром 12:10), агуу шагнал хүртэх болно (Эх 40:6, Үйл 28:7-10).

Q

Таван талх, хоёр загасны гайхамшгийн эхлэл болсон хүүхдээс бид юу сурч болох вэ? (Иох 6:9)

4) Тэвэрч, уучил

Бид өдөр бүр уучлагдаж, уучилж амьдрах ёстой. Эзэний заасан гуйлт нь өдөр тутмын талх, "уучлал" гэх сэтгэлийн хоол, сорилт, бузар муүд автахгүй байх сүнслэг хоолны төлөө залбирах ёстойг заадаг (Мт 6:11-13). Бурхан биднийг эхлээд уучилсан тул бид ч мөн адил бусдыг уучлах ёстой (Мт 18:21-35). Түүнчлэн уучлал гэдэг бол юуны түрүүнд бидний төлөөх зүйл юм (Мт 6:14-15). Бие биенээ өрөвдөж, бие биенээ уучлах нь Бурханы ивээл юм (Эх 50:20, Еф 4:32).

Q

Алдарт зураач Руогийн бүтээлүүдийн дунд "Арцны мод нь огтолж буй сүхний ирэндээ хүртэл үнэрээ шингээдэг" гэдэг нэртэй зураг байдаг. Эдгээр үгс ямар утгатай болохыг бодож үзээрэй.

Тунгаан бодох ба тэмдэглэл

♬ Энэ хичээлийн хамт дуулах магтаал ♪

Та бол үржил шимтэй саглагар мод

Шийдвэр, хэрэгжүүлэлт

1. Өнгөрсөн долоо хоногт Бурханы надад өгсөн ивээлийн талаар хуваалцъя.

2. Энэ хүртэл бид "Бусдад эерэг хандах" талаар сурлаа. Өнөөдрийн хичээлээс юу мэдэрч, ухаарснаа хуваалцъя.

3. Бусдыг гүтгэх, муугаар ярих нь яагаад муу болох, ямар сөрөг үр дагаварт хүргэж болохыг хуваалцъя?

4. Хэрэв танд урмын үг эсвэл магтаалын үгсээр дамжуулан тайтгарал, хүч чадал авсан туршлага байгаа бол хуваалцана уу?

5. Бусдад эерэг хандах дөрвөн аргын дотроос надад юу дутагдаж байгаа, түүнийг хэрхэн сайжруулах талаар бодоцгооё.

Өнөөдрийн даалгавар	Гэр бүлийнхээ эсвэл танил хүмүүсийнхээ нэгийг сонгоод тэр хүндээ зориулж эерэг, урам зориг, магтаалын үгс бичиж, хуваалцъя

Цээжлэх эшлэл

“Бурхан та нарыг Христ дотор уучилсны адил
бие биенээ уучлан, нэг нэгнээ энэрч аядуу зөөлөн
сэтгэлээр ханд” (Ефес 4:32)

“Be kind and compassionate to one another, forgiving each other,
just as in Christ God forgave you” (Ephesians 4:32)

Тунхаг

“Би бусдыг хүндэлж, хайрлаж, Бурхан надаар дамжуулан
тэднийг ерөөх болно гэдэгт итгэж байна!”

Тунгаан бодох үг

“Хохирсон зүйлээ элсэн дээр бичиж,
ерөөл хүртсэн зүйлээ гантиг чулуун дээр бич”

Бенжамин Франклин

ЭРЭГ БАЙХУЙ

Дөрөв дэх хэмжээст
"Туйлын Эерэг Байдал" Сургалт

05

Таван төрлийн эерэг байдал (3): Ажил, үйлчлэлдээ эерэг хандах нь

05 Таван төрлийн зерэг байдал (3): Ажил, үйлчлэлдээ зерэг хандах нь

Нэгэн хүү 13 настайдаа аавыгаа алдаж, 14 настайдаа хараагүй болжээ. Хүүгээ хараагүй болсон тухай мэдээг сонсоод цочирдсон ээж нь удалгүй хорвоог орхиж, дүү нараа асарч байсан эгч нь мөн л ачааллаас болж ядаргаанд орж хорвоог орхилоо. Үлдсэн гурван дүү нь тал тал тийш тарж, хүмүүс түүнд "Хараагүй хүн зөвхөн бариач эсвэл мэргэ төлөгч л хийж чадна!" гэж хэлдэг байлаа. Гэсэн хэдий ч хүү цөхрөл дундаа ч Бурханд бат итгэх итгэл найдвараа алдсангүй. Тэрээр Бурханы өгсөн мөрөөдлийг тээсээр Йонсей их сургуульд элсэн орж, Питтсбургийн их сургуульд боловсролын докторын зэрэг хамгаалсан юм. Түүгээр ч зогсохгүй АНУ-ын Хөгжлийн бэрхшээлтэй иргэдийн үндэсний хорооны бодлогын хэлтсийн дэд даргын хувьд хөгжлийн бэрхшээлтэй хүмүүст зориулсан янз бүрийн бодлогыг боловсруулахад оролцсон юм. Энэ бол одоо мөнхийн улсад очсон доктор Кан Ён Ү-ийн бодит түүх юм. Доктор Кан Ён Ү нь амьдралынхаа талаар ингэж хэлжээ:

"Хараагүй гэх сул байдал дор үзэсгэлэнтэй ертөнцийг бүтээж буй тоо томшгүй олон хүмүүстэй уулзах боломжийг Бурхан надад олгосон. Хараагүйдээ биш хараагүй болсныхоо улмаас өнөөдрийн гайхамшигт ерөөлүүдийг хүртсэн юм"

Тунгаан бод!	Бурханы ажил нь сул талуудаар ч биелэгдэх боломжтой (Шүү 3:15, 2Ко 12:7-9). Өөрийгөө ямар хүн гэдгээ тунгаан бодоцгооё!

Positivity Quotient Check List

Туйлын эерэг байдлаа шалгах хүснэгт ☑

Таны ажил, үйчлэлдээ эерэг хандах хандлагын үзүүлэлт (PQ) хэд вэ?

Өгөгдлүүдийг уншаад тохирох нүдийг чагтална уу!

Хэмжих асуултууд	Огт тийм биш	Тийм биш	Ихэнх-дээ	Тийм	Яг тийм
	1 оноо	2 оноо	3 оноо	4 оноо	5 оноо
1. Би хийж байгаа зүйлээсээ таашаал авч байна.					
2. Би хийж байгаа ажлаа Бурханы дуудлага гэж боддог.					
3. Хэцүү зүйлтэй тулгарах үед бууж өгөхийн оронд сорилтыг даван туулах хүсэл төрдөг.					
4. Ажил хийж байх үед шинэ санаанууд төрөх тохиолдол бий.					
5. Ажил хийхээсээ өмнө болон ажиллаж байхдаа Бурханд залбирдаг.					
6. Ажиллаж байхдаа эргэн тойрныхоо хүмүүст анхаарч, элдэг хандаг.					
7. Ажил хийхдээ хүсэл тэмүүлэлтэй хийдэг.					
8. Хаана байсан өөрт даалгагдсан жижиг зүйлд бүх хүчээ дайчилдаг.					
9. Нас ахилаа гээд хийх ажил байхгүй, дуудлага дууссан гэж боддоггүй.					
10. Илүү сайн ажиллахын тулд биеийн хүч чадлаа бас анхаарч үздэг.					

Асуулт бүрийн оноог нэмнэ.
Ажил, үйлчлэлдээ эерэг хандах хандлагын үзүүлэлтийн нийлбэр (_____ оноо)

Библийн хэсэг

Ефес 6:5-8 -г уншина уу!

[5]Боолууд аа, Христэд хандлаг шигээ та нар махбодын дагуух эздэдээ
ч эмээхүй ба чичрэлээр, чин сэтгэлээсээ дуулгавартай бай. [6]Хүнд
нийцүүлэгчид шиг нүдэн дээр үйлчлэлгүй, харин та нар Христийн
боолууд ёсоор Бурханы хүслийг зүрх сэтгэлээсээ үйлд. [7]Хүмүүст
бус харин Эзэнд хэмээн сайн хүслээр үйлчил. [8]Боол эсвэл чөлөөт
байх нь ялгаагүй алив хүн сайн зүйл хийвэл тэрээр Эзэнээс
түүнийгээ буцааж авна гэдгээ мэд.

1. Бид ажил дээрээ ямар хандлагатай байх ёстой вэ? (Еф 6:5)

2. Хүмүүст таалагдах, Бурханд таалагдах хоёрын хооронд ямар ялгаа байдаг вэ? (Еф 6:6)

3. Христэд итгэгчдийн хувьд ажил нь хэнд үйлчилж буй хэрэг вэ? Тэр ажлыг эцсийн байдлаар үнэлэгч нь хэн бэ? (Еф 6:7)

4. Бид ажил дээрээ чадах бүхнээ хийх ёстойн эцсийн шалтгаан юу вэ? (Еф 6:8)

5. Библид шаргуу хөдөлмөрлөж, чин сэтгэлээсээ чадах бүхнээ хийснээрээ Бурхан болон бусдаас сайшаал сонссон хүмүүс байдаг (Эх 24, 39:21-23) Тэгвэл өөрийгөө ямар хүн бэ гэдгээ бодож үзэцгээе.

Ажил, үйлчлэлдээ эерэг хандах нь

Өөртөө болон бусдад эерэг ханддаг хүмүүс өөрт нь даалгагдсан ажилд эергээр хандаж, эрхэм зорилгоо ухамсарлан ажилладаг. Бид өгөгдсөн албан тушаалдаа үнэнчээр ажиллахад Бурхан бидэнтэй хамт байж, хийж буй зүйлсийг маань ерөөдөг.

1. Ажил, үйлчлэлдээ эерэг хандахын ач тус

1) Ажил, үйлчлэлээрээ дамжуулан Бурханд үйлчилж, хүндэтгэх

Бид юу ч хийсэн хүний төлөө биш Их Эзэний төлөө ажиллаж байгаа мэт ажиллах ёстой (Кол 3:23). Учир нь бидний ажил Бурханд хандсан мөргөл хүндэтгэл юм. Роберт Моррей "Мөргөл хүндэтгэл бүх амьдрал минь болох ёстой" гэж хэлжээ. Бид зөвхөн чуулган төдийгүй гэртээ, ажил дээрээ, хаана ч, юу ч хийж байсан Бурханд үйлчилж, хүндэтгэл өргөж чадна (Иох 4:24).

2) Ажил, үйлчлэлээрээ дамжуулан Бурханы дуудлагыг биелүүлэх

Хүнд дөрвөн чухал уулзалт байдаг байна. Үүнийг англиар 4M гэж илэрхийдэг. Тухайлбал 4M гэдэг нь MasterАмьдралын Эзэн болох Бурхан, MateАмьдралын хань, MentorЖинхэнэ багш Ментор, MissionАмьдралын зорилго Туйлын эерэг Бурхантай уулзвал амьдралдаа өгөгдсөн эрхэм дуудлагыг олж мэдэж чадна. Ингэснээр хийж байгаа зүйлийнхээ үнэ цэнийг ойлгож, зорилгоор удирдуулсан амьдралаар амьдрах боломжтой болно.

3) Ажлаараа дамжуулан Бурханыг алдаршуулах

Хүмүүс ажлыг Бурханы бас дэлхийн хэмээн салгаж боддог. Харин Германы шинэчлэгч Мартин Лютер "Хийж буй ажлаараа дамжуулан хөршдөө үйлчлэх нь ертөнцийг мөргөл хүндэтгэлээр дүүргэх арга юм" гэж хэлжээ. Энэ ертөнцийг Бурхан бүтээсэн бөгөөд Бурхан биднээр дамжуулан дэлхийг захирдаг (Эх 1:28). Хаана, юу хийж байгаагаас үл хамааран бүх зүрх сэтгэлээ зориулах үед бидний хийж байгаа зүйл Бурханы дуудлага болох болно (Дуу 119:30). Мөн тэр ажлаар дамжуулан та аз жаргал мэдэрч, амжилтад хүрч, Бурханы алдрыг илчилж чадна.

Q

Иосеф Египетэд өөрийн эзэн Потифар болон шоронгийн харгалзагч, шоронд байсан хоёр албатад сайнаар үйлчилсэн (Эх 39:4, 21; 40:4). Үүний үр дүнд юу болсон бэ? (Эх 39:3-4; 23; 41:9-44)

2. Ажил, үйлчлэлдээ зөв хандах арга

1) Ажлаараа бахархах сэтгэлтэй бай

"Ажлаараа бахархах сэтгэл" гэдэг нь ажилтай холбоотой дуудлага, бахдам сэтгэлийг хэлнэ. Ажлыг хэрхэн бодож байгаагаас шалтгаалан ажилдаа хандах хандлага тань өөрчлөгддөг. Хэрэв бидэнд Хаадын Хаан болох Бурханы хүүхдүүд гэсэн сүнслэг бахархах сэтгэл байгаа бол оногдсон ажлаа үнэ цэнтэйд тооцож, баяртайгаар ажиллаж чадна (1Пе 2:9).

Q

Одоо хийж байгаа ажлаара би хэнд үйлчилж байгаа хэрэг вэ? (Кол 3:23)

2) Жижиг зүйлд ч чин сэтгэлээсээ хандаж, чадах бүхнээ дайчил

Энэ хорвоогийн хамгийн жаргалтай хүмүүс бол баяртай сэтгэлээр шаргуу хөдөлмөрлөгчид. Тэдний тарьснаа хурааж авдаг нь амьдрал юм (Гал 6:7). Өдөр бүр хөлсөө урсгаж, үнэнчээр амьдрахгүй бол тэнгэрийн ивээл, ерөөлийг хүртэж чадахгүй (Сур 6:8). Бурхан үнэнч учраас бид ч бас үнэнч байх ёстой. Бид энэ ертөнцийн хамгийн чухал цаг үе бол одоо гэдгийг ухаарч, Эзэний үнэнч байдлыг өөрсдийн хоол хүнсээ болгох ёстой (Дуу 37:3).

Q Ажлын талаар элч Паул Тесалоникийн чуулганыханд юу гэж зөвлөсөн бэ? (1Тс 4:11)

---

3) Хүсэл тэмүүлэлтэй ажилла

Хүсэл тэмүүлэл бол амжилтад хүрсэн хүний ДНК. Бурхан бол ажилладаг Бурхан. Авралын төлөө амиа ч хайрлаагүй Есүс одоо ч гэсэн төлөө ажилласаар байна (Иох 5:17). Тэрээр Ариун Сүнсийг тэнгэрээс илгээсэн (Иох 16:7), зуучлан залбирдаг (Ром 8:34; Ев 7:25), тэнгэрт орон байрыг бэлддэг (Иох 14:3), эцсийн авралын ажлыг удирдхаар бэлдэж байна (Илч 7:10). Тиймд бид ч бас Есүсээс үлгэр дуурайлал авч, хүсэл тэмүүлэлтэй ажиллах ёстой. Хүсэл тэмүүллийн эрч хүчийг хүлээн авахын тулд өдөр бүр залбирах хэрэгтэй.

Q Библи дэх хамгийн их хүсэл тэмүүлэлтэй үйлчлэгчийг гэж хэн гэж боддог вэ? Яагаад гэдгээ хуваалцаарай.

---

4) Үхэх хүртлээ үүрэг хариуцлагаа ухамсарла

Одоогоор солонгосчуудын дундаж наслалт 84, монголчуудынх 72 жил орчим байна. Бид үхэх хүртлээ үүрэг хариуцлагаа ухамсарлан ажиллах ёстой. Абрахам 75 насандаа дуудагдаж, Мосе 80 насандаа Египетээс гарах дуудлага авсан. Калеб 85 насандаа Хебронын уулсыг эзэлсэн. Бид ч гэсэн үхэх хүртлээ үүрэг хариуцлагаа ухамсарлан ажиллах ёстой. Бидний дуудлага дуусаагүй бол амьдрал маань ч дуусахгүй. Бурханы өмнө зогсох тэр өдрийг хүртэл бидэнд даатгасан дуудлагын төлөө зогсолтгүй урагшлах ёстой.

Q

Калеб 85 насандаа ч дуудлагынхаа төлөө зогсолтгүй ажиллахад юу нөлөөлснийг бодоод үзээрэй (Иош 14:10-12).

Тунгаан бодох ба тэмдэглэл

♬ Энэ хичээлийн хамт дуулах магтаал ♪

Эзэн дахин ирэх мөч хүртэл

Шийдвэр, хэрэгжүүлэлт

1. Өнгөрсөн долоо хоногт Бурханы надад өгсөн ивээлийн талаар хуваалцъя.

2. Энэ хүртэл бид "Ажил, үйлчлэлдээ эерэг хандах" талаар сурлаа. Өнөөдрийн хичээлээс юу мэдэрч, ухаарснаа хуваалцъя.

3. Бурханаас танд өгөгдсөн онцгой авьяас, эрхэм зорилго юу гэж та бодож байна вэ?

4. Ямар алсын хараа эсвэл ажил танд хүсэл тэмүүллийг авчирдаг вэ?

5. Та одоо хэдэн настай вэ? Одоо үлдсэн амьдралаа хэрхэн өнгөрөөхийг хүсэж байна вэ? Шийдвэр гаргах, залбирах цаг гаргацгаая.

Өнөөдрийн даалгавар Өөрийн дуудлагын тунхгийг бүтээцгээе!

Цээжлэх эшлэл

“Та нар юу ч хийсэн, хүмүүсийн төлөө бус,
Эзэний төлөө чин зүрхнээсээ хийгтүн”
(Колоссай 3:23)

“Whatever you do, work at it with all your heart,
as working for the Lord, not for men.”(Colossians 3:23)

Тунхаг

“Бурхан намайг дуудсан ажил, үйлчлэлдээ талархаж,
үүнийг үнэнчээр гүйцэтгэхээр шийдсэн!”

Тунгаан бодох үг

“Хэрэв чи ажил мэргэжилдээ ариун зүрх сэтгэлээр,
үнэнчээр хандвал энэ нь дэлхийн зүйл байхаа больж,
Бурханд зориулсан амьдралын чинь нэг хэсэг болно”
Тозер

ЭРЭГ БАЙХУЙ

06

Таван төрлийн эерэг байдал (4): Нөхцөл байдалдаа эерэг хандах нь

06 Таван төрлийн эерэг байдал (4): Нөхцөл байдалдаа эерэг хандах нь

Нэгэн жолооч 2000 оны 7 сард согтуугаар жолоо барьж яваад долоон машинтай мөргөлдсөн осол гаргажээ. Ослын хохирогчдын дунд ахынхаа машинд суугаад гэртээ харьж явсан оюутан ч байж. Оюутан И Жи Соны (23 настай) биеийнх нь 55% гуравдугаар зэргийн хүнд түлэгдэлт авсан бөгөөд тухайн үед нүүр царайн согог, бие бялдрын нэгдүгээр зэргийн бэрхшээлтэй гэж оношлогджээ. Ослын дараа түүнийг олон арван мэс засал, асар их өвдөлт хүлээж байв. Гэсэн хэдий ч И Жи Сон гомдоллож, цөхрөнгөө барахын оронд өөрийнхөө нөхцөл байдлыг эергээр харж, амьдралаа өдрөөс өдөрт босгож эхэлсэн юм. Тэрээр 23 жилийн дараа төгссөн сургууль болох Еэхуа эмэгтэйчүүдийн их сургуулийнхаа профессор болжээ. И Жи Сон "Ослын дараа Бурханыг харах хараа минь бүрэн өөрчлөгдсөн. Би өөрийгөө Бурханы төлөвлөсөн ажилд, Бурханы зохиол бичиж, найруулсан киноны зөвхөн жүжигчин гэдгээ ойлгосон" гэж хэлжээ.

Бурхан бол бидний амьдралын кино найруулагч юм. Бурхан амьдралын баяр баясгалан, уйтгар гуниг, амжилт ба бүтэлгүйтэл, давуу болон сул талуудын хором бүрийг авч, гайхалтай, сэтгэл хөдөлгөм кино эсвэл симфон бүтээдэг. Тиймээс асуудалтай тулгарахдаа бүү тулгамд, бүү ай.

Тунгаан бод!

Амьдралд гэнэтийн бэрхшээлтэй тулгарах үе бий. Энэ байдлыг хэрхэн хүлээн авч, хэрхэн шийдвэрлэж байгаагаа бодож үзэцгээе!

Positivity Quotient Check List

Туйлын эерэг байдлаа шалгах хүснэгт ☑

Таны нөхцөл байдалдаа эерэг хандах хандлагын үзүүлэлт (PQ) хэд вэ?

Өгөгдлүүдийг уншаад тохирох нүдийг чагтална уу!

Хэмжих асуултууд	Огт тийм биш	Тийм биш	Ихэнхдээ	Тийм	Яг тийм
	1 оноо	2 оноо	3 оноо	4 оноо	5 оноо
1. Асуудал тулгарах үед эхлээд гомдоллодоггүй.					
2. Өнгөрсөн шархаа дахин бодож, шаналдаггүй.					
3. Надад тохиолдож буй бүх зүйл, миний хүрээлэн буй орчин Бурханы эрх мэдэлд байдаг гэдэгт итгэдэг.					
4. Бурханы надад өгсөн ивээл нигүүлслийг эргэн санаснаар би хүч авдаг.					
5. Хүнд хэцүү нөхцөл байдал үүссэн ч сайн сайхны төлөө Бурхан ажиллана гэдэгт итгэдэг.					
6. Би харьяалагддаг хамт олныхоо талаар эргээр боддог хандлагатай.					
7. Би чуулганыхаа төлөө залбирч, хайрладаг.					
8. Би ажиллаж байгаа компаниа (ажлын байраа) хайрлаж, эрхэмлэдэг.					
9. Өөрийн харьяалагддаг хамт олноо шүүмжилдэггүй.					
10. Хүмүүстэй хамт байхдаа, хамт ажиллахдаа үргэлж эерэг хандлагатай байдаг.					

Асуулт бүрийн оноог нэмнэ.
Нөхцөл байдалдаа эерэг хандах хандлагын үзүүлэлтийн нийлбэр (_____ оноо)

Библийн хэсэг

Тооллого 14:1-9 г уншина уу!

> 1Даяар хотол түмэн дуугаа өндөрсгөн хашхирч, тэр шөнө ард олон
> уйлалдав... 3ЭЗЭН Иавэ юунд биднийг энэ нутагт авчирч байна вэ?
> Эхнэрүүд болон бяцхан хүүхдүүдийг маань олз болгохоор, биднийг
> илдэнд унагаахаар уу? Египет рүү буцсан нь бидэнд дээр байх юм
> биш үү? гэцгээж байв... 8Хэрэв ЭЗЭН Иавэ биднийг таалбал Тэр
> биднийг тэр нутагт аваачиж, тэрхүү сүү зөгийн бал урссан нутгийг
> бидэнд өгөх болно. 9Зөвхөн ЭЗЭНий эсрэг л бүү тэрсэл. Тэр нутгийн
> ард олноос бүү ай. Тэд бидний хоол болно. Хамгаалалт нь тэднээс
> зайлуулагдсан бөгөөд ЭЗЭН Иавэ бидэнтэй хамт байна. Тэднээс бүү
> айгтун гэлээ.

1. Юуны учир хотол түмнээрээ дуугаа өндөрсгөж, ард түмэн шөнө уйлалдсан бэ? (Еф 14:1, Тоо 13:31-33)

2. Израильчууд Бурханы талаар ямар буруу ойлголттой байсан бэ? (Тоо 14:3)

3. Иошуа, Калеб хоёр ямар итгэлийн өчлийг өчиж байна вэ? (Тоо 14:8)

4. Иошуа, Калеб хоёр израильчуудад хэрхэн итгэлээрээ зөвлөж байна вэ? (Тоо 14:9)

5. Иошуа, Калеб хоёрын үзүүлсэн туйлын зэрэг итгэлээс бид ямар үлгэр дуурайл авах ёстой вэ?

Нөхцөл байдалдаа эерэг хандах нь

Бидний бодол санаа, үйлдэлд нөхцөл байдал маань нөлөөлдөг. Эсрэгээрээ бидний хандлага нөхцөл байдалд ч нөлөөлөх тохиолдол ч бий. Зовлонт нөхцөлд асуудлаас илүү чухал зүйл бол асуудалд эерэг хандах. Бид өөрсдийн харьяалагддаг хамт олныхоо бэрхшээлийг ч эерэг байдлын хүчээр даван туулах ёстой. Та ямар ч асуудал, нөхцөл байдалд байсан сайн Бурхан бүх зүйлийг хянаж байгаа гэдэгт итгэх ёстой (1Шс 29:11, Дуу 18:16, Ром 8:28).

1. Асуудалд эерэг хандах арга

1) Өнгөрсөн сөрөг зүйлээсээ сал

Асуудлаас гарч чаддаггүй, асуудал үүсгэдэг хүмүүст нийтлэг шинж чанар байдаг. Тэд өнгөрсөн алдаа, бүтэлгүйтэл, сэтгэлийн шархаа байнга эргэцүүлэн боддог. Бурхан бидэнд шинэ зүйл хийхээсээ өмнө өнгөрснөө дуусга гэж хэлдэг (Иса 43:18, 1Пе 4:3). Бүтэлгүй өнгөрсөн үеэ ирээдүйгээ тусгах толь болгон ашиглаж, амжилтын туршлагаа урагш ахих шат болгон ашиглах ёстой. Өмнөх нүгэл, шархаасаа өөрийгөө ангижруулж (Дуу 103:12), өөрчлөгдсөн сэтгэл, шинэ алсын хараатай болох үед бэрхшээлийг даван туулж, амжилтад хүрч чадна (Езк 36:26).

Q

Танд загалмай доор үлдээх ёстой сөрөг өнгөрсөн түүх бий юу? (Гал 2:20) Энэ цагт гэмшин залбирч, Есүсийн цусанд найдан өөрийгөө уучилж, шинээр эхлэх шийдвэр гаргацгаая.

2) Өөрийн сүнслэг дурсгалт газраа санаарай

Асуудалтай тулгарах үедээ өнгөрсөн эерэг туршлагуудаа санах нь чухал. Дурсгалт газар гэдэг нь барилга юмуу бэлэг тэмдэг, баримлаар дамжуулан тухайн газрыг бэлгэдлээр төлөөлөхийг хэлдэг. Самуел филистчүүдийг ялж, "Ебенезер" хэмээх хөшөө босгосонтой адил итгэлийн аянд ч сүнслэг дурсгалт газар хэрэгтэй (1См 7:12). Давид филистийн жанжин Голиаттай тулалдахдаа түүнийг арслангийн шүд, баавгайн сарвуунаас хамгаалсан Бурханы тусламжийг санаж, итгэлтэйгээр урагшилж ялсан (1См 17:34-36). Сөрөг нөхцөл байдалд бид Бурхантай анх уулзсан өдрийн сэтгэл хөдлөл, хариултаа авсан залбирал, ивээлийн мөчүүдийг санаж дахин хүч чадал олж авах ёстой (Илч 2:4-5).

Q Ямар сүнслэг дурсгалт газруудыг санах ёстойгоо эргэцүүлье.

3) Эерэг залбирлаар бэрхшээлийг даван туул

Эерэг залбирал бол сөрөг орчныг устгадаг сүнслэг тэсрэх бодис юм (Иер 29:12). Сэтгэлээр унасан эсвэл хэцүү байх үед бүртээ Бурхан бидний нөхцөл, байр байдлыг сайтар шалгаж үздэг гэдгийг санаж, туйлын эерэг залбирлаар Бурханд ойртох хэрэгтэй (Дуу 102:17), Тэр үед Бурхан хариулж, бидний мэдэхгүй нууцаар хариулах болно (Иер 33:3). Хэрэв та сэтгэлээр уналгүй залбирвал Бурханы гайхамшгийг харах нь гарцаагүй (Лк 18:1-8, Гал 6:9).

Q

Эерэг залбирлаар яг одоо даван туулах шаардлагатай ямар нэг асуудал байна уу? Иеремиа 33:3-н үгсийг барьж, тэдгээрийг цээжилж, залбирах цаг гаргацгаая.

2. Хамт олондоо эерэг хандах нь

1) Хамт олондоо эерэг хандах ба хамтын ажиллагаа

Амьдрал бол ганцаараа хамаг чангаараа дуулдаг дуу биш, харин бие биеийнхээ хөгжмийг сонсож, аялгууг бий болгодог симфони шиг юм (Дуу 133:1, 1Ко 12:12). Тиймээс би хажууд байгаа хүнийхээ сул талыг бус харин давуу талыг нь харах ёстой. "Тэр хүнээс болж болохгүй байна" гэсэн сөрөг бодолтой байхын оронд "Тэр хүний давуу тал нэмэгдвэл амжилтад хүрнэ" гэсэн эерэг бодолтой байх хэрэгтэй (2Ко 1:19). Хамт олныхоо талаар эерэг бодолтой байх үед хамтын ажиллагаа бий болж, хамт олон хөгждөг (Еф 4:15-16).

Q

Нэг хүн биш хоёр, гурван хүн байх нь ямар давуу талтай вэ? (Ном 4:9-12)

2) Чуулганыг босгон байгуулдаг эерэг итгэл

"Асуудалгүй чуулган" хайдаг хүмүүс байдаг. Гэвч асуудалгүй амьдрал гэж байдаггүйн адил асуудалгүй чуулган гэж үгүй. Чуулганы хамт олон мөхөсдөж хүнд хэцүү нөхцөлтэй тулгарах үе ч байдаг. Тэр тусам бид чуулганыг эерэг хандлагаар харж, ерөөж, босгон байгуулах нь чухал. Хамаагүй шүүмжилж, яаран дүгнэж болохгүй (Лк 6:37). Есүс чуулганыг хайрлаж, Өөрийгөө золиосолсон шиг (Еф 5:25), бид ч мөн чуулганыг хайрлан ерөөж, чуулганы гишүүдээ тэврэн үйлчилж, ивээл ба хайрын уур амьсгалаар дүүргэх ёстой. Эерэг итгэл, үгс чуулганыг амьдруулна (Иох 13:34).

Q

Хэрэв бид чуулгандаа хайртай бол яах ёстой вэ? Хэрэгжүүлэх төлөвлөгөөгөө бие биетэйгээ хуваалцъя.

3) Ажил, компанийг босгон байгуулдаг эерэг хандлага

Хэрэв ажилчид компанийнхаа талаар эерэг хандлагагүй бол үйлчлүүлэгчид эерэг хандлагатай байх боломжгүй. Сөрөг хандлагатай хүмүүс ажил дээрээ чадвараа харуулах эсвэл байгууллага дотроо өсөх боломжоо алддаг. Чин сэтгэл, эерэг байдлын хүчээр өөрийн харьяалагдах хамт олноо ерөөж, амьдруулах хэрэгтэй (Сур 28:18). Туйлын эерэг Бурхан эерэг хүмүүстэй хамт байж, тэдний хийж буй зүйлийг ерөөх болно.

Q

Ажлын байр эсвэл хамт олноо ерөөн залбирцгаая.

Тунгаан бодох ба тэмдэглэл

♬ Энэ хичээлийн хамт дуулах магтаал ♪

Way maker

Шийдвэр, хэрэгжүүлэлт

1. Өнгөрсөн долоо хоногт Бурханы надад өгсөн ивээлийн талаар хуваалцъя.

2. Энэ хүртэл бид "Нөхцөл байдалдаа эерэг хандах" тухай сурлаа. Өнөөдрийн хичээлээс юу мэдэрч, ухаарснаа хуваалцъя.

3. Өнгөрсөн ямар шарх намайг хүлж байна вэ? Хэрэв тийм шарх байгаа бол дахин нэг удаа Есүсийн цусаар угааж, залбирч чөлөөлөлтийг авцгаая?

4. Өнгөрсөнд өгсөн Бурханы ивээлийн талаар дор хаяж 10 зүйлийг бичиж үзэцгээе

5. Би харьяалагддаг чуулгандаа хэрхэн үйлчилж байна вэ? Хэрэв үйлчилж байгаа бол илүү хичээнгүйлэн хийж, үгүй бол үйлчлэх шийдвэр гаргахын тулд цаг гаргацгаая.

Өнөөдрийн даалгавар

Өөрт тулгараад байгаа хүнд хэцүү нөхцөл байдал, асуудлыг шийдэгдсэнээр харж, бичиж, тунхаглацгаая!

Цээжлэх эшлэл

“Зөвхөн ЭЗЭНий эсрэг л бүү тэрсэл. Тэр нутгийн ард олноос бүү ай. Тэд бидний хоол болно. Хамгаалалт нь тэднээс зайлуулагдсан бөгөөд ЭЗЭН бидэнтэй хамт байна. Тэднээс бүү айгтун” (Тооллого 14:9)

“And do not be afraid of the people of the land, because we will swallow them up. Their protection is gone, but the LORD is with us.

Тунхаг

“Би өөрт тулгарсан нөхцөл байдалдаа
Бурханы дээд эрх мэдэл байгаад итгэж, хаана ч байсан
эерэг нөлөө үзүүлэхийг эрмэлзэх болно!”

Тунгаан бодох үг

“Чи чадна гэж итгэж байна уу,
чадахгүй гэж итгэж байна уу?
Итгэлээр чинь л болох болно”

Хенри Форд

ЭЕРЭГ БАЙХУЙ

Дөрөв дэх хэмжээст
"Туйлын Эерэг Байдал" Сургалт

07

Таван төрлийн эерэг байдал (5): Ирээдүйдээ эерэг хандах нь

07 Таван төрлийн зерэг байдал (5): Ирээдүйдээ зерэг хандах нь

АНУ-ын "Оранж Хилл" пресбитериан чуулганы пастор Жу Хён Чол нэг настай байхдаа тархины саажилттай гэж оношлогджээ. Бүх бүе нь мушгирдаг тархины саажилтын улмаас байнгын өвдөлттэй, ганц үг хэлэхийн тулд бүх биеэ мушгихаас өөр аргагүйд хүрдэг байв. Харин тэрээр дунд сургуульд байхдаа Есүстэй уулзаж, өвчин эмгэг, хөгжлийн бэрхшээлийн талаарх сөрөг бодлуудаа хаяж, Бурханы түүнд өгсөн мөрөөдлийг тээх болжээ. "Хүчтэйг ичээхийн тулд ертөнцийн мөхсийг сонгожээ" гэсэн үг нь түүний сэтгэлийг маш ихээр хөдөлгөж, "Бурхан намайг ашиглах болно... Би ирээдүйд пастор болно. Зүгээр нэг пастор биш олныг Эзэн рүү эргүүлэх пастор болно!" гэсэн мөрөөдлөөр улам бүр өсөж эхлэв (1Ко 1:27). Бүх хүн, эцэг эх нь хүртэл түүнд боломжгүй гэж хэлсэн ч тэр АНУ-д суралцахыг мөрөөдөж, АНУ-ын газрын зургийг нааж, газрын зураг дээр гараа тавьж, өдөр шөнөгүй залбирсан гэдэг.

Бурхан түүний зерэг ирээдүйг мөрөөдөн залбирсан залбиралд хариулжээ. Тэрээр Солонгост Библийн сургуулиа төгсөж, АНУ-ын Азуса Номхон Далайн Их Сургуульд магистрын зэрэг хамгаалсныхаа дараа тархины саажилттай анхны пастор болж, одоо АНУ дахь Солонгос иргэдийн чуулганд пастороор үйлчилж байна. Тэрээр зерэг итгэл, мөрөөдлөөр дамжуулан Бурханы гайхамшгийг мэдэрсэн юм

Тунгаан бод!

Сүнслэг мөрөөдөл гэж Бурханы үгэнд итгэж, ивээл ерөөлөөр дүүрэн ирээдүйг харахыг хэлнэ (Ев 11:1). Би ямар үгээр ирээдүйгээ харж байна вэ?

Positivity Quotient Check List

Туйлын эерэг байдлаа шалгах хүснэгт

Таны ирээдүйдээ эерэг хандах хандлагын үзүүлэлт (PQ) хэд вэ?

Өгөгдлүүдийг уншаад тохирох нүдийг чагтална уу!

Хэмжих асуултууд	Огт тийм биш	Тийм биш	Ихэнхдээ	Тийм	Яг тийм
	1 оноо	2 оноо	3 оноо	4 оноо	5 оноо
1. Бурханд миний амьдралд зориулсан хүлээлт, төлөвлөгөө бий гэдэгт итгэдэг.					
2. Би өөрийнхөө ирээдүйг өөдрөг, итгэл найдвартай гэж боддог.					
3. Бурхан миний амьдралд гайхамшгийг үйлдэх болно гэж найдаж байна.					
4. Ариун Сүнс дотор залбирахдаа миний дотор ариун хүсэл төрж байгааг мэдэрдэг.					
5. Бурханы өгсөн алсын хараа, хүсэл мөрөөдөл миний зүрхэнд шатаж байна.					
6. Бэрхшээл тулгарах үед үүнийг Бурханы өгсөн мөрөөдлийн найз гэж бодон тэвчдэг.					
7. Би үргэлж ирээдүй, мөрөөдлөө биелж байгаагаар төсөөлж тэсэн ядан хүлээдэг.					
8. Мөрөөдлөө биелүүлэхийн тулд дэвтэрт тэмдэглэж, нарийвчлан залбирдаг.					
9. Би мөрөөдлөө биелүүлэхийн тулд үргэлж суралцаж байна.					
10. Би үхэн үхтлээ Бурханы хүсэл мөрөөдөл, алсын харааг биелүүлэх үүрэг гүйцэтгэгч гэдэгт итгэдэг.					

Асуулт бүрийн оноог нэмнэ.
Ирээдүйдээ эерэг хандах хандлагын үзүүлэлтийн нийлбэр (_____ оноо)

Библийн хэсэг

Эхлэл 37:18-20, Дуулал 105:17-19-г уншина уу!

[18] Тэд Иосефыг тэдэнд ойртож ирэхээс нь өмнө холоос хараад,
түүнийг алахаар хуйвалджээ. [19]Тэд —Хараач, өнөөх зүүдний эзэн
чинь ирж байна хэмээн бие биендээ хэлээд [20]— За, одоо цөмөөрөө
наашир, түүнийг цохиж алаад, энэ нүхнүүдийн нэгэнд хаяж
"Зэрлэг араатан түүнийг идсэн" гэж хэлцгээе. Тэгээд түүний зүүд
юу болохыг харцгаая л даа гэжээ (Эх 37:18-20)
[17]Үүнээс өмнө Тэрээр нэг хүнийг буюу боол болон худалдагдсан
Иосефыг илгээсэн. [18]Хөлийг нь тэд дөнгөнд оруулж, Өөрийг нь
төмрөөр гинжилсэн. [19]Түүний үгс биелэгдэх хүртэл тийм байсан.
ЭЗЭНий Иавэн үг түүнийг шалгасан.(Дуу 105:17-19)

1. Иосефын ах нар түүнийг хэн гэж дуудаж байна вэ? (Эх 37:5, 19)

2. Ах нар нь яагаад Иосефт атаархаж, үзэн ядсан бэ? (Эх 37:2-5, 18)

3. Иосефыг боол болгон худалдсан хэргийн ард хэн байсан гэж Библид бичсэн байдаг вэ? Үүнтэй холбоотой Бурханы төлөвлөгөө юу вэ? (Дуу 105:19)

4. Бурханы мөрөөдлийг биелүүлэх явцад бэрхшээл тулгардаг. Тэрхүү зовлонгийн утга учир юу вэ?

5. Иосеф маш их сорилтуудыг туулсан ч түүний мөрөөдөл биелснийг ах нар нь харсан (Эх 37:20). Надад Бурханы ямар мөрөөдөл байна вэ? Түүнийг биелүүлэхийн тулд би ямар хандлагатай байх ёстой вэ?

Ирээдүйдээ эерэг хандах нь

Эерэг хүмүүс өнгөрсөн ба одоо төдийгүй ирээдүйнхээ талаар ч эерэг бодолтой байдаг. Бурханы өгсөн мөрөөдөл, алсын харааг тээж, ерөөгдсөн ирээдүйг харж, туйлын эерэг итгэлээр урагшлах үед Бурхан бидний мөрөөдөл, итгэлийн дагуу ажиллах болно (Дуу 37:5-6, Мк 10:46-52).

1. Ирээдүйдээ эерэг хандахын ач тус

1) Мөрөөдөгч Бурхан

Бурхан мөрөөдөл тээн ажилладаг. Бурхан Абрахамыг итгэлийн өвөг дээдэс болгох мөрөөдөл, Израилийг ариун тахилч үндэстэн болгох мөрөөдлийг тээсэн (Гэт 19:6). Мөн Бурханы жинхэнэ мөрөөдөл бол Есүс байсан. Есүсээр дамжуулан хүн төрөлхтнийг аврах мөрөөдлийг тээсэн бөгөөд энэхүү мөрөөдөл нь загалмай дээр биелсэн юм (Иох 19:30). Бурхан мөрөөдөгч Бурхан учраас бид ч бас ариун мөрөөдлийг тээгчид болох ёстой.

2) Бид ч гэсэн Бурханы мөрөөдөл

Есүс Бурханы мөрөөдөл байсан шиг бид ч бас Бурханы мөрөөдөл юм. Эцэг эхчүүд хүүхдүүдээсээ хүсдэг зүйл байдаг шиг биднийг харах Бурханы зүрх сэтгэл ч мөрөөдөл, хүлээлтээр дүүрэн байдаг. Бурханыг мэдэж (2Пе 3:18), Бурханыг дуурайж (2Пе 1:4-7), Бурханд үйлчилж (Фил 2:17), Түүнийг гэрчлээсэй гэж хүсдэг (Үйл 20:24).

3) Бидний ирээдүйг ерөөдөг Бурхан

Бид ирээдүйдээ эерэг хандаж, Бурханд даатгаснаар бидний ирээдүйг ерөөдөг Бурханы зүрх сэтгэлийг мэдрэх болно. Бурхан тухайн нөхцөл байдалд тааруулж ажилладаггүй, төлөвлөж, бэлдэж, цаг хугацаагаар аялдаг (Еф 1:11). Бурхан бидний оюун ухаан, сүнс, бие махбодыг эрүүл саруул байж, бүх зүйл сайн сайхан байхыг хүсдэг (3Ио 1:2). Бидний ирээдүйд агуу итгэл найдвар өгөхийг хүсдэг. "Учир нь та нарт зориулж байгаа төлөвлөгөөнүүдийг Би мэдэх бөгөөд тэдгээр нь та нарт ирээдүй ба найдварыг өгөх гай гамшгийн бус, сайн сайхны төлөөх төлөвлөгөөнүүд юм" (Иер 29:11).

Q

"Би бол Бурханы мөрөөдөл"гэсэн энэг өгүүлбэрийг гурван удаа чангаар давтана уу!

2. Ирээдүйдээ эерэг хандах арга

1) Найдвар тээн Ариун Сүнсээр дүүрэхийг эрэлхийл

Юуны түрүүнд бидний амьдрал, ирээдүй сайхан байна гэж бид найдах хэрэгтэй. Мөн Ариун Сүнсээр дүүрэхийн тулд залбирах хэрэгтэй. Ариун Сүнс ирэх үед нас, нөхцөл байдлаас үл хамааран Бурханы алсын харааг тээж (Иое 2:28), сайнмэдээний дуудлагынхаа төлөө амьдарна гэсэн мөрөөдөлтэй болно (Үйл 1:8). Ариун Сүнсээр залбирах үед Бурхан бидний зүрх сэтгэлд мөрөөдлийг өгч, бидний амьдралыг удирдах болно (Фил 2:13). Мөн биднээр дамжуулан гайхалтай шинэ зүйл, гайхамшгуудыг үйлдэх болно (Иса 43:19).

Q

Бурханы үгийн илчлэл, мөрөөдөл үгүй бол амьдрал ямар байх байсан бэ? (Сур 29:18) Бурханы үг болон Ариун Сүнсний залбирлаар Бурханы мөрөөдлийг эрэлхийлцгээе.

2) Мөрөөдлөө төсөөлж, нарийвчлан залбир

Бурхан сонгосон хүмүүсээ ашиглахаас өмнө тэднийг мөрөөдөж, итгэлээр харах аргад сургасан (Эх 13:14-15, 15:5, 37:6-10). Итгэлээр харах нь маш чухал (Ром 4:20). Тиймээс мөрөөдөлдөө хүрэхийн тулд итгэлээрээ харах хэрэгтэй (Ев 11:20). Мөрөөдөлдөө хүрэхийн тулд та юуг итгэлээр харах ёстой. Ингэхдээ өөрийнхөө, гэр бүл, чуулган, ажил, бизнестэйгээ холбоотой алсын хараагаа нарийвчлан бичиж, дараа нь тэднийг харж залбираарай (Иош 14:12, 38:2-6; Иер 33:2-3).

Q

Хэсэг хугацаанд нүдээ анин мөрөөдлөө итгэлээрээ төсөөлж үзэцгээе.

3) Зовлон ба мөрөөдөл хоёр найз гэдгийг санаарай

Зовлон бол Бурханы мөрөөдөлд хүрэх замын тэмдэг юм (Дуу 119:71). Итгэлийн хүмүүсийг зовлонгийн хонгилоор дамжин өнгөрсний дараа Бурхан ашигласан. Абрахам Бурханы дуудлагыг авснаас хойш 25 жил (Эх 21:2), Иосеф 13 жил (Эх 41:41), Мосе цөлд 40 жил дасгалжуулагдсаны дараа Бурханы мөрөөдөл биелсэн (Гэт 3:14). Нүдэнд харагдаж, чихэнд сонсогдож, гарт баригдах зүйл байхгүй байсан ч Эзэний амлалтын үг биелэгдэхийг тэвчээртэйгээр, итгэлээр харах үед Бурханы өгсөн мөрөөдөл биелэх болно (Дуу 105:19, 119:67; 2Ко 4:17).

Q	Өөрт тохилдсон зовлонг Бурханы төлөвлөгөөний дагуу дахин тайлж үзнэ үү (Эх 50:20).

---

4) Тасралтгүй суралц

"Удирдагч бол насан туршдаа суралцагч"The Leader is a life-time learner гэсэн үг бий. Тиймээс бид үргэлж даруу байж суралцах ёстой (Мт 11:29; 1Тм 4:15). "Анкора Импаро"Ancora Imparo гэсэн латин зүйр үг байдаг. Гоц зураач Микеланджело 87 настайдаа "Тэнгэр, газрыг бүтээсэн нь" хэмээх уран зургийг зурсныхаа дараа "Анкора Импаро" буюу "Би сурсаар л байна" гэж хэлснээс энэ үг үүсжээ. Бид хүмүүсээр, зовлонгоор, ном уншлага ба итгэлийн залбирал, Ариун Сүнсний удирдлагаар дамжуулан суралцангаа мөрөөдлийнхөө төлөө урагшлах ёстой.

Q	Ном унших нь хүсэл мөрөөдлөө биелүүлэхэд нэн чухал (1Тм 4:13). Шийдвэр гаргаж, сард дор хаяж хоёр ном уншихаар төлөвлөнө үү.

Тунгаан бодох ба тэмдэглэл

♬ Энэ хичээлийн хамт дуулах магтаал ♪

Өөрийн далавч дор

Шийдвэр, хэрэгжүүлэлт

1. Өнгөрсөн долоо хоногт Бурханы надад өгсөн ивээлийн талаар хуваалцъя.

2. Энэ хүртэл бид "Ирээдүйдээ эерэг хандах" талаар сурлаа. Өнөөдрийн хичээлээс юу мэдэрч, ухаарснаа хуваалцъя.

3. Ирээдүйн талаар ямар ч хүлээлтгүй байдгийн учир юу вэ? Мөрөөдөлтэй болохын тулд юу хийх ёстой вэ?

4. Долоо хоногийн турш өдөр бүр Ариун Сүнсээр залбирч, зүрх сэтгэлдээ хүчтэйгээр төрж буй хүслээ бичиж, хуваалцъя.

5. Би яг одоо юуг хамгийн их бодож, хүсэж байна вэ? Өнөөдрийн хичээлээр өөрчлөх шаардлагатай хүсэл байгаа бол түүнийгээ бясалгаж, хуваалцъя.

Өнөөдрийн даалгавар

Итгэлээр залбирч, ирэх 10 жилдээ ямар байх, Бурханы мөрөөдөл хэрхэн биелэх талаар бичиж үзэцгээе!

Цээжлэх эшлэл

"Учир нь та нарт зориулж байгаа төлөвлөгөөнүүдийг Би мэдэх бөгөөд тэдгээр нь та нарт ирээдүй ба найдварыг өгөх гай гамшгийн бус, сайн сайхны төлөөх төлөвлөгөөнүүд юм гэж ЭЗЭН тунхаглаж байна" (Иеремиа 29:11)

"For I know the plans I have for you," declares the LORD, "plans to prosper you and not to harm you, plans to give you hope and a future." (Jeremiah 29:11)

Тунхаг

"Би ирээдүйдээ хүлээлтэй байж,
Бурханы мөрөөдөл, алсын харааг биелүүлдэг
үүрэг гүйцэтгэгч болох болно!"

Тунгаан бодох үг

"Алсын хараа ба мөрөөдөл бол
Ариун Сүнсний хэл юм"
Ён Ги Чой

ЭЕРЭГ БАЙХУЙ

Дөрөв дэх хэмжээст
"Туйлын Эерэг Байдал" Сургалт

08

Гурван төрлийн дасгалжуулалт (1): Эерэг үгээр дасгалжуулах нь

08 Гурван төрлийн дасгалжуулалт (1): Эерэг үгээр дасгалжуулах нь

АНУ-ын Детройт хотын ядуусын хороололд нэгэн хүү мэндэлжээ. Энэ хүү хар арьстан гэдэг шалтгаанаар сургуулийнхаа цагаан арьст сурагчдад гадуурхагдаж, бага сургуулийн 5-р ангид орох хүртлээ үржүүлэх хүрдийг цээжлэж чадаагүй хамгийн муу сурагч байжээ. Гэсэн хэдий ч энэ хүү хожим дэлхийн шилдэг эмч болсон юм. Энэ бол сиам ихрүүдийг (Siamese twins) салгах мэс заслыг дэлхийд анх удаа амжилттай хийж "Бурханы гартай эмч" гэж нэрлэгдэх болсон Жонс Хопкинс их сургуулийн эмнэлгийн доктор Бен Карсоны түүх юм. Тэрээр ээжийнхээ хэлсэн урмын үгийн ачаар амжилтад хүрсэн гэж хэлдэг.

"Бен, чи хүсэх л юм бол юуг ч хийж чадна. Хичээвэл юу ч болж чадна!" ээжийнх нь хэлсэн энэ үг Бен Карсонд зориг, итгэл найдварыг өгчээ. Бидний хувьд ч мөн адил. Миний хэлсэн ганц үг бусдад итгэл найдвар, хүч чадал өгч чадна. Бид бусдыг урамшуулж, аврах үгс, хүсэл мөрөөдөл, итгэл найдвар агуулсан үгсийг хэлэх ёстой.

Тунгаан бод!

Өөрсдийн хэл ярианы дадал зуршлыг сайн харцгаая. Бусдыг хэцүү болгох үгсийг хэлж байна уу эсвэл урамшуулах үгийг хэлж байна уу?

Positivity Quotient Check List

Туйлын эерэг байдлаа шалгах хүснэгт ☑

Таны эерэг үгийн үзүүлэлт (PQ) хэд вэ?

Өгөгдлүүдийг уншаад тохирох нүдийг чагтална уу!

Хэмжих асуултууд	Огт тийм биш	Тийм биш	Ихэнх-дээ	Тийм	Яг тийм
	1 оноо	2 оноо	3 оноо	4 оноо	5 оноо
1. Сөрөг үгс амнаас минь гардаггүй.					
2. Би бусдад урмын үг, сайшаалын үгийг байнга хэлдэг.					
3. Өөрийнхөө тухай эергээр бодож, ерөөж, тунхагладаг.					
4. Итгэлгүй байдал эсвэл сөрөг үгс нь Бурханы ажил эсвэл гайхамшигт саад болдог гэдэгт би итгэдэг.					
5. Бусдыг ерөөх үгсийг байнга хэлдэг.					
6. Би үргэлж Бурханы үгийг уншиж, бясалгадаг.					
7. Бурханы үгийг цээжилж залбирах юмуу эсвэл зохих нөхцөл байдалд ашигладаг.					
8. Би бусдад итгэл найдвар төрүүлэх эсвэл тэднийг аврах үгсийг их хэлдэг.					
9. Бурханы алсын харааг дэвтэрт тэмдэглэж, зав гарах бүрт тунхагладаг.					
10. Итгэлийн үгс хүч чадалтай гэдэгт итгэж, өвчин, бэрхшээлийн талаар тушаан, тунхаглаж залбирдаг.					

Асуулт бүрийн оноог нэмнэ.
Эерэг үгийн үзүүлэлтийн нийлбэр (_____ оноо)

Библийн хэсэг

2Хаад 7:18-20-ыг уншина уу!

[18]Бурханы хүн хаанд "Маргааш өдийд Самарийн гулдан хаалган
дээр хоёр хэмжүүр арвай нэг шекелээр, нэг хэмжүүр сайн гурил
нэг шекелээр зарагдах болно" гэж хэлж байсан юм. [19]Тэгэхэд хааны
түшмэл Бурханы хүнд хариулан —Үзэгтүн, хэрэв ЭЗЭН тэнгэрт
цонхнууд хийсэн ч ийм юм байж болно гэж үү? гэж хариулах
үед тэрээр —Үзэгтүн, чи үүнийг өөрийн нүдээр үзэх боловч чи
түүнээс идэхгүй гэсэн билээ. [20]Ингээд түүнд энэ нь тохиолдож,
хүмүүс гулдан хаалганы дэргэд түүнийг дайран гишгэцгээж, тэрээр
үхсэн юм.

1. Арамчуудад бүслэгдсэний улмаас Самарид их өлсгөлөн болов. Энэ үед Елиша юу гэж эш үзүүлсэн бэ? (2Ха 7:18)

2. Хааны түшмэл Елишагийн эш үзүүллэгийг хэрхэн хүлээж авсан бэ? (1Ха 7:19)

3. Үл итгэсэн, үгүйсгэсэн үг хэлсэн түшмэлд юу тохиолдсон бэ? (1Ха 7:19-20, Тоо 14:27-35, Иса 57:19, Лк 1:18-22)

4. Бид ямар үгэнд чих тавих ёстой вэ? (2Ха 7:1, 1См 17:28-32)

5. Елишагийн эш үзүүллэг уяман өвчтэй дөрвөн хүн эдгэснээр биелсэн (2Ха 7:3-16). Энэ үйл явдал бидэнд ямар сургамж өгч байна вэ?

Эерэг үгээр дасгалжуулах нь

Бурхан үгээрээ тэнгэр, газар болон бүх зүйлийг бүтээсэн (Эх 1). Бурханы дүр төрхөөр бүтээгдсэн хүн төрөлхтөнд ч үгийн хүч бий. Тиймээс сөрөг үгсээс татгалзаж, эерэг үгс хэлж, шүүмжлэл, хов живийн оронд урмын үг, ерөөл, амьдруулах үгсийг хэрэглэх ёстой.

1. Эерэг үгсийн ач холбогдол

1) Эерэг үгс нь амьдралын бүхий л салбарт нөлөөлдөг

Хэл гэдэг амилуулах бас үхүүлэх хүчтэй гэж Библид бичсэн байдаг (Сур 18:21). Солонгос ардын зүйр цэцэн үгэнд "Нэг үгээр мянган өрийг барагдуулна" гэсэн үг бий. Эерэг үгс бидний амьдрал, ирээдүй төдийгүй хүмүүс хоорондын харилцаанд эерэг нөлөө үзүүлдэг (Сур 18:20).

2) Сөрөг үгс халдварладаг

"Нохойд хазуулсан хүн хагас өдрийн дотор эмчлүүлээд буцсан. Могойд хатгуулсан хүн 3 хоног эмчлүүлээд буцсан. Гэтэл хүний үгэнд хатгуулсан хүн одоо болтол эмнэлэгт хэвтэж байна." Энэ бол сөрөг үг хэллэгийн хүчийг харуулсан үг юм (Дуу 140:3). Израилийн хөвгүүдийн арван удирдагч Канаан нутгийг тандаж, сөрөг мэдээтэй буцаж ирэхэд бүх израильчууд шантарч, гомдоллон уйлж байв. Тэр үед Бурхан "Та нар Миний чихэнд ярьсантай адил түүнчлэн Би та нарт үйлдэх болно" гэсэн (Тоо 14:28). Сөрөг бодол, итгэл үнэмшил нь сөрөг үгсийг төрүүлдэг ба сөрөг үгс нь Бурханы гайхамшгийг хааж, бидний ирээдүйг харанхуй болгодог (Мк 6:4-6; 1Пе 3:10).

3) Бусдыг амьдруулах үгс чухал

Хүн төрөлхтний завхрал болон тэднийг сөрөг, мөхлийн аюулд

хүргэдэг үгс нь үзэсгэлэнтэй байсан ертөнц ба хүмүүс хоорондын харилцааг сүйтгэсэн. Үг нь махан бие болж бидний дунд ирсэн Есүсээр дамжуулан (Иох 1:14), эдгээх, сэргээх амийн ажил бий болсон (Иох 11:43). Бид ч бас Есүстэй адил хүмүүсийг эдгээж, амьдруулах үгсийг ашиглах ёстой (Еф 4:29). "Ярьдаг нь Бурханы илэрхийллээр яриг" (1Пе 4:11)

Q Библид ямар үгс бидний аварна гэж хэлдэг вэ? (Иох 6:63)

2. Эерэг үг хэллэгээр дасгалжуулах арга

1) Ариун Сүнс ирэхэд үг хэллэг өөрчлөгддөг

Итгэлийн эерэг үг хэллэг ашиглах нь зөвхөн бидний хүсэл эсвэл хүчин чармайлтаар бий болдоггүй. Ариун Сүнсний тусламжийг авах ёстой. Ариун Сүнсний дүүргэлт нь үргэлж одоод байдаг (Еф 5:18). Бид Ариун Сүнсээр дүүрэхийн тулд өдөр бүр залбирах ёстой. Зүрх сэтгэл, хэл яриа өөрчлөгдөх нь Ариун Сүнсээр дүүрсний чухал шинж тэмдэг юм. Ариун Сүнс ирэхэд бидний зүрх сэтгэл зөөлөрч, шинэ алсын хараатай болдог. Мөн залбирал болон магтаалын үг, талархлаа өчих үгс бидний амыг дүүргэдэг (Үйл 10:46, 19:6; Еф 5:19-20).

Q Есүсийн шавь нар Ариун Сүнсээр дүүрч, Ариун Сүнс тэдэнд ярих боломжийг олгосноор харь хэлээр залбирсан (Үйл 2:4,11). Хэлээр ярихын сүнслэг утга учир юу вэ?

2) Бурханы үгийг зүрхнийхээ самбарт сийл

Библид Бурханы үгийг зүрх сэтгэлдээ сийлэхийг тушаасан (Сур 7:1-3). Бурханы үг чулуун дээрх сийлбэр шиг бидний зүрх сэтгэлд сийлэгдэх үедээ бидний хатуужсан зүрх сэтгэлд суулгагдаж байдаг (Сур 3:3). Бурханы үг бол хүмүүсийг амьдруулагч. Бид үгийг үргэлж уншиж, бясалгаж, цээжилснээр сөрөг үг ба бодлоо хянаж, туйлын эерэг итгэлийн үгсийг ашиглаж сурдаг (Хаб 2:2).

Q Есүс диаволын сорилтыг хэрхэн даван туулсан бэ? (Мт 4:1-11 харьц Дх 6:13-16, 8:3)

---

3) Үгийн тунхаглалд хүч байдаг гэдгийг сана

Энэ ертөнцөд байгаа бүх зүйл итгэлийн үгсээр удирдагддаг. Иошуа нарыг зогсохыг тушааж (Иош 10:12), Есүс ч мөн үгээр давлагаа, шуургыг тайвшруулсан (Мк 4:39). Бид ч гэсэн амлалтын үгийг сүнс болон бие махбоддоо үргэлж тунхаглаж чадна (3Ио 1:2). Жишээлбэл, өвчтэй нэгэн нь эдгэрлийн амлалтын үг (Иса 53:5), айдас, санаа зовнил байгаа бол амар амгалангийн үгийг барьж итгэлээр тунхаглаж, залбирах ёстой (Иох 14:27, Фил 4:6-7).

Q Миний барьж, тунхаглах ёстой Бурханы үг юу вэ?

---

4) Эерэг үгс тунхаглахыг зуршлаа болго

АНУ-ын Дьюкийн их сургуулийн эрдэмтдийн хэвлүүлсэн нийтлэлээс үзэхэд бидний өдөр тутмын амьдралд гаргаж байгаа шийдвэрүүдийн 40% нь дадал зуршлаас үүдэлтэй ажээ. Дадал зуршлын хүч бидний амьдралд бас нөлөөлдөг (Иер 22:21). Бид сүнслэг амьдралын хэв маягийг хөгжүүлэх ёстой (Лк 22:39, Ев 10:25). Хэрэв бид Ариун Сүнсээр дүүрэхийн төлөө залбирах (Үйл 4:31), үгийг уншиж, эргэцүүлэн (Дх 6:6), итгэлээр тунхаглах зэргийг гол зуршлаа болговол бидний амьдралд туйлын эерэг байдлын гайхамшиг бий болох болно (Дуу 107:22).

Q

Та өглөөний ямар зуршилтай вэ? "Гайхамшигт өглөө" гэх зуршилтай болохын тулд ямар дадал зуршил хэрэгтэй байгаа талаар бодож үзээрэй!

Тунгаан бодох ба тэмдэглэл

♬ Энэ хичээлийн хамт дуулах магтаал ♪

Миний дотор байгаарай

Шийдвэр, хэрэгжүүлэлт

1. Өнгөрсөн долоо хоногт Бурханы надад өгсөн ивээлийн талаар хуваалцъя.

2. Энэ хүртэл бид "Эерэг үгсээр дасгалжуулах" талаар сурлаа. Өнөөдрийн хичээлээс юу мэдэрч, ухаарснаа хуваалцъя.

3. Сөрөг үгсээс болж сорилтод орж, гомдож байсан бол түүнийгээ хуваалцаж, сөрөг үгс хэрэглэхгүй гэсэн шийдвэр гаргацгаая?

4. Өнөөдөр сурч мэдсэн зүйлээс эерэг үгсийг хэрэгжүүлэхэд танд юу хамгийн их хэрэгтэй гэж бодож байна вэ?

5. Найзууддаа эсвэл эргэн тойрныхоо хүмүүст зориулж дор хаяж таван эерэг тунхаглалыг бичиж, бие биедээ урам хайрлацгаая.

Өнөөдрийн даалгавар	Эерэг үг хэллэгийн хүч, ач холбогдлын талаар дор хаяж 10 Библийн эшлэлийг олж, бичиж, цээжилцгээе!

Цээжлэх эшлэл

"Хэл гэдэг амилуулах бас үхүүлэх хүчтэй.
Хэн үүнд дурлана
үр жимсийг нь хүртэнэ" (Сургаалт үгс 18:21)

"The tongue has the power of life and death,
and those who love it will eat its fruit"(Proverbs 18:21)

Тунхаг

"Би эерэг үгсийн хүчийг сэтгэлдээ тээж,
Бурханы үгийг өөртөө шингээж,
эерэг ярианы зуршилтай болох шийдвэрийг
гаргаж байна!"

Тунгаан бодох үг

"Үг ч гэсэн үзэсгэлэнт цэцэг шиг
өөрийн гэсэн өнгөтэй байдаг"

Э. Рис

ЭЕРЭГ БАЙХУЙ

Дөрөв дэх хэмжээст
"Туйлын Эерэг Байдал" Сургалт

09

Гурван төрлийн дасгалжуулалт (2): Үргэлж талархлаар дасгалжуулах нь

09 Гурван төрлийн дасгалжуулалт (2): Үргэлж талархлаар дасгалжуулах нь

Богинохон зүүн хөлтэй, хоёр гар, баруун хөлгүй төрсөн хүүхэд байжээ. Түүний ер бусын дүр төрх нь ганцаардал, цөхрөлийн шалтгаан болж, сургуульд орсных нь дараа хүүхдүүд түүнийг гадуурхаж, жигших болжээ. Тэрээр 8 настайгаасаа л үхлийн тухай бодож, 10 настайдаа амиа хорлох оролдлого хүртэл хийсэн байна. Гэтэл 13 настайдаа санаандгүй хөгжлийн бэрхшээлийг даван туулж чадсан хүний тухай мэдээг олж үзээд ингэж шийджээ. "Ингэж насаараа өөрт байхгүй зүйлдээ уурлаж амьдрах юмуу эсвэл байгаа зүйлдээ талархаж амьдрах юмуу аль нэгийг нь л сонгоё"

Тэр өдрөөс хойш түүний амьдрал өөрчлөгдсөн юм. Үхлийн тухай бодож байсан бяцхан хүү гольф, усан дээгүүр гулгах, морь унах, тэшүүрээр гулгах дуртай бүх талын авьяастай спортлог залууу болжээ. Тэр бол хайртай эмэгтэйтэйгээ гэрлэж, хүүхэдтэй болж, дэлхийг тойрон аялан найдварыг түгээдэг лектор, шилдэг борлуулалттай номын зохиолч бөгөөд өөртэйгөө адил хөгжлийн бэрхшээлтэй хүмүүст зориулсан илгээлтийн байгууллагын тэргүүнээр ажиллаж буй пастор Ник Вуйчич юм. Тэрээр хэлэхдээ:

"Гар, хөлгүй би яаж аз жаргалтай байгаа вэ? Би байхгүй зүйлдээ уурлахын оронд өөрт байгаа зүйлдээ талархаж байгаа болохоор жаргалтай байна"

Тунгаан бод!	Би одоо байгаа зүйлдээ хэр их талархаж байна вэ?

Positivity Quotient Check List

Туйлын зерэг байдлаа шалгах хүснэгт ☑

Таны талархлын үзүүлэлт (PQ) хэд вэ?

Өгөгдлүүдийг уншаад тохирох нүдийг чагтална уу!

Хэмжих асуултууд	Огт тийм биш	Тийм биш	Ихэнхдээ	Тийм	Яг тийм
	1 оноо	2 оноо	3 оноо	4 оноо	5 оноо
1. Өглөө босоод хамгийн түрүүнд Бурханд талархаж байгаагаа хэлдэг.					
2. Өдөр тутмын амьдралдаа өчүүхэн зүйлд ч гэсэн талархах зүйл хайдаг.					
3. Би эргэн тойрныхоо хүмүүст байнга талархлаа илэрхийлдэг.					
4. Хараахан хариултаа аваагүй байсан ч талархаж, залбирдаг.					
5. Хэцүү нөхцөл байдал үүссэн ч гомдоллохын оронд талархлаа өчдөг.					
6. Надад байхгүй зүйлдээ гомдоллохын оронд одоо байгаа зүйлдээ талархаж байна.					
7. Өдөр бүр талархлын чимээгүй цаг хийх юмуу, Бурханы ивээлийн талаар бясалгадаг.					
8. Зовлон, бэрхшээл нь итгэл, зан чанарыг хөгжүүлэх боломж гэдэгт итгэж, талархдаг.					
9. Ажил төлөвлөсний дагуу болохгүй байсан ч Бурхан сайн болгоно гэдэгт итгэж, талархдаг.					
10. Унтахынхаа өмнө талархлын залбирлаар өдрийг дуусгадаг.					

Асуулт бүрийн оноог нэмнэ.

Талархлын үзүүлэлтийн нийлбэр (_____ оноо)

Библийн хэсэг

Үйлс 16:24-32-г уншина уу!

24 Тушаал авсан хуяг тэднийг дотоод гянданд хийж, хөлийг нь дөнгөлжээ.
25 Шөнө дундын үед Паул, Силас хоёр залбирч, Бурханд магтуу дуулж байгааг
хоригдлууд сонсоцгоож байлаа. 26 Тэгтэл гэнэт шоронгийн суурийг доргиосон
хүчтэй газар хөдлөлт болж, даруй бүх хаалганууд нээгдэн хүн бүрийн гав
дөнгө нь мултарч унажээ. 27 Хуяг нойрноосоо сэрээд, шоронгийн хаалганууд
нээлттэй байхыг харангуутаа хоригдлуудыг оргожээ гэж бодоод өөрийгөө
илдээр дүрж алахыг завдтал 28 Паул чангаар —Өөрийгөө бүү хорло. Бид
бүгд энд байна гэж хашхирсанд 29 тэр —Бамбар авчир гээд, үсрэн орж ирэв.
Тэгээд Паул, Силас хоёрын өмнө чичрэн сөхрөв. 30 Тэр тэднийг гаргах зуураа
—Ноёд оо, аврагдахын тулд би юу хийх ёстой вэ? гэв. 31 Тэд —Эзэн Есүст
итгэгтүн. Чи болон гэрийнхэн чинь ч аврагдана гэлээ. 32 Тэд мөнөөх хүнд
болон гэрт нь байсан бүгдэд Эзэний үгийг ярьжээ.

1. Ариун Сүнсний удирдамжийг дагаж Филиппой рүү явсан Паул Силас хоёрт юу тохиолдсон бэ? (Үйл 16:24)

2. Энэ үед Паул Силас хоёр хэрхэн хандсан бэ? (Үйл 16:25)

3. Паул, Силас хоёрын магтаал, талархал нөхцөл байдлыг хэрхэн өөрчилсөн бэ? (Үйл 16:26)

4. Паул, Силас хоёрын магтаал, талархал ямар сүнслэг үр жимсийг гаргасан бэ? (Үйл 16:27-32)

5. "Бурхан бол өглөөний Бурхан" гэдэг үг бий. Амьдралд харанхуй зүйл тохиолдох үед яах ёстой вэ? (Үйл 16:25)

Үргэлж талархлаар дасгалжуулах нь

Хэрэв та туйлын эерэг Бурханд итгэдэг бол зөвхөн сайн нөхцөл байдалд төдийгүй муу нөхцөл байдалд ч чин сэтгэлээсээ талархаж чадна. Ингэж талархах үед бидний зүрх сэтгэлгээс итгэл найдварын Бурханд итгэх итгэл ундран гардаг. Туйлын эерэг итгэл болон талархлын өчил нь салшгүй, зоосны хоёр тал мэт. Тиймд үргэлж талархлыг дасгалжуулах нь итгэгчдийн амьдралд нэн чухал зүйл.

1. Үргэлж талархахын ач холбогдол

1) Үргэлж талархах нь Бурханы хүсэл

Бурхан "Бүх зүйлд талархал өргө" гэж тушаасан (1Тс 5:18). Бурхан Өөрт нь талархалтайгаар ирсэн хүмүүсийг таалж, даруугаар талархдаг сэтгэлд оршдог (Дуу 95:2, 100:4). Талархал бол Бурханы улсын хэл (Еф 5:20). "Сатаны харь хэл бол гомдол, дургүйцэл, маргааны үг, харин мөнхийн улсын харь хэл бол талархлын үг, магтаал юм" гэж хэлсэн шиг итгэгчдийн ам нь мөнхийн улсын хэл болох талархлын өчлөөр тасрахгүй байх ёстой (Кол 4:2).

2) Үргэлж талархах нь эрүүл мэнд, аз жаргалыг авчирдаг

Талархах үед "дидорфин"didorphin гэх даавар ялгарч, аз жаргал, эрүүл саруул мэдрэмж төрүүлдэг байна. Доктор Кандас Перт хэлэхдээ сэтгэл хөдлөл, оюун бодлыг бие рүү дамжуулдаг "сэтгэл хөдлөлийн молекул" байдаг гэсэн юм. Энэ нь бие сэтгэл хоёр хоорондоо холбоотой гэсэн үг. Тиймээс архаг сэтгэл гутралтай хүмүүсийн өвчин тусах магадлал 4 дахин их байдаг ч, талархдаг хүмүүс стрессээ даван туулж, аз жаргалыг мэдэрч чаддаг. "Хүн төрөлхтөн жаргалтай учраас талархдаг юм биш, талархдаг учраас жаргалтай байдаг юм" гэдэг шиг бид талархах үедээ эрүүлжиж, талархах үедээ жаргалтай болдог.

3) Үргэлж талархах нь гайхамшгийг бүтээдэг

Бид юу ч хийсэн Есүсийн нэрээр талархах ёстой (Кол 3:17). Талархах үед Бурханы алдар, авралын гайхамшиг бий болно (Дуу 50:23, Үйл 16:24-32). Есүс таван талх, хоёр талхны төлөө талархлын залбирал өргөхөд олон мянган хүн цадталаа хооллосон гайхамшиг бий болж (Иох 6:9-13), Лазарын булшны өмнө "Аав аа, Та намайг сонссонд Танд Би баярлаж байна" гэж өчих үед Лазар үхлээс амилсан (Иох 11:41-44). Талархал бол гайхамшгийн үр юм (2Шс 20:20-22).

> **Q** Дуулал 136-р бүлэгт "Талархь" гэсэн тушаал хэдэн удаа гардаг вэ? Мөн талархлын шалтгаан нь юу болох, тэр шалтгааныг хэдэн удаа давтсан байна вэ?

2. Үргэлж талархах арга

1) Бүх зүйлийг эерэг нүдээр хар

Самсунг Электроникс компаний хагас дамжуулагчийн түүхийн гол дүр болох өмнөх ТУЗ-ийн дарга Квон У Хён ингэж хэлжээ. "Бэрхшээл гэдэг үгэнд эсрэг гэдэг үг орсон байдаг. Тиймээс би бэрхшээл тулгархад үүнийг эсрэгээр нь ашиглах ёстой гэж ойлгодог. Бэрхшээлд эерэг тал бас бий. Асуудлын гол шалтгаан нь юу болохыг мэдэх боломж олгодог." Нөхцөл байдал биш харин харах өнцөг чухал (Тоо 13:30-33). Сөрөг нүдээр харвал асуудал л харагдах бол эерэг нүдээр харвал боломжийг олж харна. Тиймээс ямар ч нөхцөлд бид туйлын эерэг итгэлээр Бурханд талархах ёстой (Тоо 14:7-8).

Q Туйлын цөхрөлийн үедээ ч бидний талархах шалтгаан юунд байдаг вэ? (Иер 29:11, Дуу 136:1)

2) Талархлыг зуршил болго

Бид талархлыг зуршил болгож, талархлын сэтгэлгээг өөртөө шингээх хэрэгтэй (Кол 2:7). Есүс ч бас зуршлынхаа дагуу залбирдаг (Лк 22:39), Даниел ч гэсэн өдөрт гурван удаа талархан залбирахаа мартаагүйн адил (Дан 6:10), талархлыг зуршил, өдөр тутмын амьдралаа болгох хэрэгтэй (Лк 22:39-41, 1Тм 4:7). Муу зүйлд ч гэсэн Бурхан сайн сайхны төлөө хамтад нь ажиллана гэдэгт итгэж, бүх зүйлд талархах ёстой. Талархлын өдрийн тэмдэглэл хөтлөх эсвэл талархлын чимээгүй цаг хийх нь талархах зуршлыг хөгжүүлэх сайн арга зам болж өгдөг (Дуу 107:29-30).

Q Гурван баяр (Алгасал, Пентэкост, Майхан) тэмдэглэхийг Израильд тушаасан нь Бурхан юуг заахын тулд байсан вэ? (Гэт 23:14, Дуу 100:4-5)

3) Талархлын хамтрагчтай бол

"Хурдан явахыг хүсвэл ганцаараа яв" гэсэн Африкийн зүйр үг байдаг.

Итгэлийн амьдралд хамтрагч хэрэгтэй байдаг шиг талархлын амьдралд бас хамтрагч хэрэгтэй (Ном 4:9-12, Сур 27:17). Талархлыг дасгалжуулахын тулд хамтрагч олоорой (Сур 22:11, 27:17). Гэртээ, чуулган эсвэл ажил дээрээ итгэлийн хүмүүстэй хамт залбирч, талархлын сэдвүүдийг хуваалцаад үзээрэй (Дуу 133:1, Мт 18:19-20).

Q Есүс хэний итгэлийг харж, саа өвчтэй хүнийг эдгээсэн бэ? (Мк 2:5)

---

4) Талархлаа өдөр бүр тунхагла

Үгэнд хүч байдаг. Бидний хэлж буй үгс бидний бие болон сэтгэлд тусдаг. Тиймээс туйлын эерэг итгэлийг үргэлжийн талархлын хэлээр тунхаглах ёстой. Итгэлийн тунхаг бидний чихэнд сонсогдох үед бидний бие, сэтгэл, сүнс өөрчлөгдөж (Ром 10:10), бидний талархлын өчил Бурханы чихэнд сонсогдох үед Бурханы хүч бидний амьдралд орж ирэх болно (Тоо 11:18, 14:28). Талархал бол хамгийн гүн гүнзгий итгэлийн өчил юм (Лк17:11-19).

Q Бидний уруулын өчилтэй холбоотойгоор Бурхан өөрийгөө хэрхэн танилцуулж байна вэ? (Исаиа 57:19)

Тунгаан бодох ба тэмдэглэл

♬ Энэ хичээлийн хамт дуулах магтаал ♪

Намайг тас харанхуй

Шийдвэр, хэрэгжүүлэлт

1. Өнгөрсөн долоо хоногт Бурханы надад өгсөн ивээлийн талаар хуваалцъя.

2. Энэ хүртэл "Үргэлж талархлаар дасгалжуулах" тухай сурлаа. Өнөөдрийн хичээлээс юу мэдэрч, ухаарснаа хуваалцъя.

3. Талархлаар дамжуулж Бурханы ивээл, гайхамшгийг мэдэрсэн удаа байгаа бол хуваалцъя (1Тм 4:4)

4. "Өнгөрсөндөө талархах нь сэтгэлийг дүүргэж, одоодоо талархах нь сэтгэлийг баясгаж, ирээдүйдээ талархал нь сэтгэлийг хөдөлгөдөг" гэдэг үг бий. Одоо таны сэтгэл ямар байна вэ?

5. Таван төрлийн эерэг байдлаас үргэлжийн талархал илүү шаардлагатай байгаа талбар нь юу байна вэ? Тухайлбал: Өөртөө талархах, бусдад талархах, ажил, дуудлагынхаа төлөө талархах, нөхцөл байдалдаа талархах, ирээдүйдээ талархах

Өнөөдрийн даалгавар	Талархлын 15 төрлийн сэдвээ бичиж үзэцгээе!

Цээжлэх эшлэл

“Бүх зүйлд талархалаа өргө. Учир нь энэ бол та нарын төлөөх Христ Есүс дэх Бурханы хүсэл мөн” (1Тесалоник 5:18)

“Give thanks in all circumstances.for this is God’s will for you in Christ Jesus”(1 Thessalonians 5:18)

Тунхаг

“Би нөхцөл байдлаас үл хамааран өдөр бүр Бурханд талархсан сэтгэлээр талархлаа тунхаглахаа амлаж байна”

Тунгаан бодох үг

“Өвчин, ядуурал, бүтэлгүйтэл гэх мэт нь Бурханы хараал биш. Хэрэв Бурханы хараал гэж байдаг бол тэр нь Бурханд итгэж чадахгүй байх, Бурханы үгийг сонсож чадахгүй байх, талархлын зүрх сэтгэлээ алдах явдал юм”

Учимуро Канзо

ЭЕРЭГ БАЙХУЙ

10

Гурван төрлийн дасгалжуулалт (3): Хайрыг хуваалцахыг дасгалжуулах нь

10 Гурван төрлийн дасгалжуулалт (3): Хайрыг хуваалцахыг дасгалжуулах нь

Ким Бён Нуг гэх чуулганы үйлчлэгч 1996 оноос хойш гутал зассан ажээ. Нэгэн өдөр "Айл болгонд хэдэн өмсдөггүй гутал байгаа бол?" гэсэн бодол төрж, дэлгүүрийнхээ урд "Өмсдөггүй, хаях гэж байгаа гутал байвал гутлын эмнэлэгт авч ирж өгөөрэй" гэсэн бичиг наажээ. Түүнээс хойш 5000 орчим гутал цуглуулж, засварлаж, тусламж хэрэгтэй байгаа хүмүүст тараасан байна. Түүний сайн үйлс үүгээр дууссадсангүй. Тэрээр өндөр настны асрамжийн газруудад үс засахаас гадна хоол тэжээлийн дутагдалд орсон хүүхдүүд, өрх толгойлсон хүүхэд, тэтгэвэрт гарсан пасторуудад тусалжээ. Тэгээд ч зогсохгүй мөн 2020 онд тэтгэврийн мөнгөөр худалдаж авсан 700 сая воны газраа зарж, Ковид-19-ийн улмаас тусламж хэрэгтэй байгаа хүмүүст хандивласан байна.Үйлчлэгч Ким нэгэн ярилцлагадаа ингэж хэлжээ:

"Христэд итгэгчид бид Есүсээр дамжуулан шинэ амьдралыг хүлээн авсан учраас ивээлээр амьдарч байгаа юм. Тиймээс шунах шаардлагагүй. Бүх зүйлийг өгөөд явах хэрэгтэй."

Тийм шүү. Бид Есүсээр дамжуулан шинэ амьдралыг хүлээн авч, ивээлээр амьдарч байгаа хүмүүс. Хайрыг хуваалцах нь бидэнд шинэ амьдралыг өгсөн Их Эзэний ивээлд хариу үйлдэл үзүүлэх арга юм.

Тунгаан бод!

Би эргэн тойрныхоо хүмүүстэй хайраа хуваалцахыг хэрхэн хэрэгжүүлж байна вэ?

Positivity Quotient Check List

Туйлын эерэг байдлаа шалгах хүснэгт ☑

Таны хайрыг хуваалцах хандлагын үзүүлэлт (PQ) хэд вэ?

Өгөгдлүүдийг уншаад тохирох нүдийг чагтална уу!

Хэмжих асуултууд	Огт тийм биш	Тийм биш	Ихэнхдээ	Тийм	Яг тийм
	1 оноо	2 оноо	3 оноо	4 оноо	5 оноо
1. Бурханы хайрыг мэдэх, хуваалцах нь миний амьдралын үнэт зүйлсийн нэг юм.					
2. Би уулзсан хүмүүсийнхээ хэрэгцээг анхаарч үздэг.					
3. Хүнд нөхцөлд орсон хөрш эсвэл найздаа дуртайяа туслах болно.					
4. Сайнмэдээг мэддэггүй гэр бүл, найзынхаа төлөө залбирдаг.					
5. Өөрийн бэлэг, авьяасаа чуулган болон хөршүүддээ туслахын тулд ашигладаг.					
6. Би Бурханд итгэдэггүй хөршүүд, хамтран ажиллагсдадаа сайнмэдээг түгээдэг.					
7. Ядуусt материаллаг тусламж үзүүлэхэд оролцдог.					
8. Өвчин, асуудалтай байгаа хөршүүдийнхээ төлөө зуучлан залбирах юмуу тайтгаруулдаг.					
9. Чуулган, нийгмээс зохион байгуулж хуваалцах, туслах ажилд оролцдог. (жишээ: цусаа хандивлах, тусламжийн хандив, бараа цуглуулах гм)					
10. Ямар ч шагнал, хариу хүсэхгүйгээр сайхан сэтгэл, хайрыг хэрэгжүүлдэг.					

Асуулт бүрийн оноог нэмнэ.
Хайрыг хуваалцах хандлагын
үзүүлэлтийн нийлбэр (_____ оноо)

Библийн хэсэг

Үйлс 9:36–40 -г уншина уу!

[36]Иоппад Табита (грекээр орчуулбал Доркас) гэгч дагалдагч байв. Тэр
эмэгтэй үргэлж сайн үйл, өглөгөөр дүүрэн нэгэн байжээ. [37]Яг тэр
өдрүүдэд тэрээр өвчлөн үхжээ. Түүний биеийг угаагаад дээд өрөөнд
тавьсан байлаа. [38]Петрийг тэнд байгааг дуулаад дагалдагчид Луддагаас
Иоппа хүртэл ойрхон тул "Бидэнд бүү татгалзаарай. Нааш ирнэ үү"
гэж гуйлган хоёр хүн илгээв. [39]Петр босож, тэдний хамт явж очиход
түүнийг дээд өрөөнд оруулав. Бэлэвсэн эмэгтэйчүүд цөмөөрөө
түүний хажууд уйлан зогсож байлаа. Өөрсөдтэй нь хамт байхдаа
Доркасын хийдэг байсан цамц, бусад хувцаснуудыг тэд үзүүлэв.
[40]Харин Петр тэднийг бүгдийг нь гаргаад, өвдөг сөхрөн залбирч,
цогцост —Табита, бос гэв. Тэр нүдээ нээн Петрийг хараад, өндийж
суулаа.

1. ТабитаДоркас Есүсийн ямар эмэгтэй дагалдагч гэж үнэлэгддэг байсан бэ? (Үйл 9:36)

2. Табитаг нас барах үед хэнийг урьсан бэ? (Үйл 9:38, Иак 5:14-15)

3. Табитагийн гэрт цугларсан бүх бэлэвсэн эмэгтэйчүүд Петрт юуг гэрчилсэн бэ? (Үйл 9:39)

4. Петр Табитагийн төлөө хэрхэн залбирсан бэ? (Үйл 9:40, 1Ха 17:21: Иох 11:43)

5. Табитагийн амилсан гайхамшиг нь түүний амьдралын юутай холбоотой вэ?? (Үйл 9:36)

Хайрыг хуваалцахыг дасгалжуулах нь

Хүн төрөлхтний түүхийн цагийг Есүсийн төрөлт дээр үндэслэн МЭӨ(BC), МЭ(AD) гэж хуваадаг. Зөвхөн хүн төрөлхтний түүхэнд төдийгүй бидний амьдралд ч МЭӨ болон МЭ байх ёстой. Есүсийг мэдэхээс өмнөх нүгэл ба үхлийн хүчин дор байсан үе ба Есүсийн мэдсэнээс хойших дүр төрх өөр байх ёстой (Еф 5:8). Туйлын эерэг байдлын бэлгэдэл болсон загалмайгаар дамжуулан өгсөн Бурханы ивээлийг мэдэрсэн итгэгч нь хүлээн авсан хайраа өгч, хуваалцаж амьдардаг.

1. Эерэг энерги цэнэглэгддэг

1) Хайрыг хуваалцахын ач холбогдол

Эерэг хүмүүс хайраа хуваалцаж чаддаг. Түүнчлэн, сөрөг хүмүүс ч гэсэн хайрыг хэрэгжүүлбэл эерэг хүмүүс болж өөрчлөгддөг. Австрийн сэтгэл судлаач доктор Альфред Адлер сэтгэл гутралын өвчтэй өвчтөнүүдэд "Хөршүүдээ баярлуулж, тэдэнд хайраа харуул" гэсэн даалгавар өгсөн бөгөөд үүнийг хэрэгжүүлсэн өвчтөнүүдийн сэтгэл гутралын өвчин нь эдгэрсэн гэдэг. Үүн шиг та хайрыг хуваалцаж өгвөл хайр, баяр баясгалан танд эерэг бумеранг болон эргэж ирэх бөгөөд сэтгэл гутралыг ч бас эмчилж болно (Иак 12:24).

2) Аз жаргалын түлхүүр болдог

Зуу насалсан гүн ухаантан гэгддэг Йонсей их сургуулийн хүндэт профессор Ким Хёнг Сог "хувиа хичээсэн хүмүүс хэзээ ч аз жаргалтай байдаггүй" гэж хэлсэн (2Тм 3:1-2). Хайр нь хүлээн авч байгаа хүн төдийгүй өгч байгаа хүнийг ч жаргалтай болгодог (Иох 3:16, 1Ио 3:16). Учир нь хайрлах үедээ сэтгэлийн хямрал, түгшүүрийн эх үүсвэр болох хувиа хичээх хандлагаас ангижирч чадна. Хайрлуулж, хайрлах үед эрүүлжиж, аз жаргал нэмэгдэнэ (Сур 16:24, Ев 13:16).

3) Амьдралын хамгийн чухал дуудлагаа биелүүлнэ

Есүсийн загалмайгаар бидний амьдрал дахь бүх сөрөг зүйл үгүй болсон (1Ио 4:4). Туйлын зэрэг итгэлээр дамжуулан үхлээс амьдрал руу, харанхуйгаас гэрэл рүү, туйлын цөхрөлөөс туйлын найдвар руу шилжсэн юм (Кол 1:13). Сайнмэдээг түгээх, хайрыг хуваалцах нь үхэх хүртэл биелүүлэх бидний хамгийн чухал дуудлага юм (Иох 13:34, Үйл 20:24, 1Ко 13:13).

Q Өчүүхэн ч гэсэн бусадтай хайраа хуваалцаж, хэрэгжүүлснээр баяр баясгаланг мэдэрч байсан эсэхээ бодож, хуваалцъя (Эх 18:1-19).

2. Хайрыг хуваалцах арга

1) Хайрын булчингаа хөгжүүл

Пастор Рик Уоррен хэлэхдээ "Бид булчингаа хүчирхэг, уян хатан болгохын тулд шаргуу дасгал хийх ёстой шиг хайрын булчингаа бас байнга дасгалжуулж, хөгжүүлэх ёстой" гэжээ. Бурхан израильчуудыг хайрыг хуваалцахад сургасан. Бурханд анхны ургацаа өргөх (Гэт 23:19, Сур 3:9), ургац хураахдаа бүх үр тариа, жимсээ хураахгүй бага зэрэг үлдээх (Лев 19:9-10), ирмэл болон харь хүмүүсийг халамжлах (Дх 24:19-21), зэрэг нь хайрын булчинг дасгалжуулах Бурханы арга байсан юм. Хариу хүсэхгүйгээр хуваалцах, өгөх нь Бурханаас агуу ерөөлийг хүлээн авах арга юм (Дх 14:29, Су 19:17, Лк 6:38, 14:12-14; 1Тм 4:8).

Q Элч Паул Ефесийн сүмийн ахлагчдад хэрхэн үлгэр дуурайл үзүүлсэн мөн ямар хүн ерөөлтэй гэж хэлсэн байна вэ? (Үйл 20:35)

2) Залбирал, хайраар сайнмэдээг тараа

Сайнмэдээ нь Бурханы туйлын эерэг хайр ба Есүсийн амийг агуулдаг (Мк 10:45, Иох 3:16). Тиймээс сайнмэдээг түгээх нь бидний хийж чадах хамгийн том хайраа хуваалцах үйлдэл юм. "Есүст итгээрэй" гэж хашхирах нь чухал ч тэр хүний төлөө үргэлжлүүлэн залбирч, Бурханы хайрыг харуулах нь илүү чухал юм. Бид хайрыг хэрэгжүүлэх үед дэлхийн хүмүүс үл үзэгдэх Бурханыг харах болно (1Ио 4:8-11).

Q Хэн надад сайнмэдээг дамжуулсан бэ? (2Тм 1:5) Та тэр үеийн сэтгэл хөдлөлөө санаж байна уу?

3) Хүмүүсийн хэрэгцээнд мэдрэг бай

Эргэн тойрон дахь хүмүүсийн хэрэгцээг мэдэхийн тулд мэдрэмж шаарддаг. Есүс хүмүүсийн сүнслэг хэрэгцээг хангахаас гадна тэдний бие махбодын болон сэтгэл санааны хэрэгцээг ч хангасан (Мт 9:20-22, 14:15-21; Иох 4:14).

Анхны чуулганы итгэгч Табита өөрийн гараар хийсэн хувцсаа ядуу, бэлэвсэн эмэгтэйчүүдэд тарааж, нинжин сэтгэл, хайрыг хэрэгжүүлсэн

(Үйл 9:36-42). Хайрыг хуваалцах нь бусдад бага зэрэг анхаарал хандуулахаас эхэлдэг.

Q

Иосеф шоронд сөнч, талхчин хоёрын царайнаас юуг харсан бэ? Тэдний зүүдийг хэрхэн тайлсан бэ? (Эх 40:5-19)

4) Жижиг зүйлийг ч гэсэн хуваалц

Хайрыг хуваалцах нь зөвхөн том, агуу зүйлээр хязгаарлагдахгүй. Баптисч Иохан "Хоёр хувцастай нь хувцасгүй хүмүүстэй хуваалцаж, хоолтой нь ч бусадтай хуваалцах ёстой" гэж номлосон (Лк 3:11). Бид өөрт байгаа эд зүйл, мэдлэг, авъяас чадвараа хуваалцаж, хүлээн авсан Ариун Сүнсний бэлгүүдээр чуулган болон хүмүүст үйлчилж чадна (Ром 12:6-8). Бусдыг сонсож, сэтгэлийг нь тайвшруулж, урамшуулах нь ч хайрлах нэг арга юм (Иса 40:1, Кол 4:7-8). Хайрын үйлчлэлд том, жижиг гэж байхгүй (Мт 25:35-40).

Q

Өчүүхэн ч гэсэн хайрыг хуваалцах арга юу байж болох талаар бодож үзээрэй (Иак 2:15-17).

Тунгаан бодох ба тэмдэглэл

♬ Энэ хичээлийн хамт дуулах магтаал ♪

Таны сүмийг байгуулах

Шийдвэр, хэрэгжүүлэлт

1. Өнгөрсөн долоо хоногт Бурханы надад өгсөн ивээлийн талаар хуваалцъя.

2. Энэ хүртэл "Хайрыг хуваалцахыг дасгалжуулах" тухай сурлаа. Өнөөдрийн хичээлээс юу мэдэрч, ухаарснаа хуваалцъя.

3. Хайрыг илэрхийлэх ёстой (Ром 4:4). Толстой "Дэлхийн хамгийн чухал хүн бол таны хажууд байгаа хүн" гэж хэлсэн. Хажууд байгаа хүндээ "Таныг ерөөж байна. Хайртай шүү!" гэж хэлцгээе.

4. Есүс энэ ертөнцийг орхих үе ирж байгааг мэдээд юу хийсэн бэ? (Иох 13:1). Би ч гэсэн амьдралаа хэрхэн дуусгах ёстой вэ? (1Пе 4:7-8)

5. Надад байгаа зүйлсээс хайрыг хуваалцаж чадах юу байгаа вэ?

Өнөөдрийн даалгавар	Хайрыг хуваалцаж, хэрэгжүүлэх хамгийн багадаа гурван аргыг бодоцгооё!

Цээжлэх эшлэл

"Өгөгтүн, тэгвэл та нарт өгөгдөх болно. Тэгэхдээ шахагдсан, чигжсэн мөн бялхсан сайн хэмжээгээр өвөр дээр чинь асгарах болно. Өөрсдийнхөө хэмжсэн хэмжээсээр та нар хариуд нь хэмжигдэх болно гэлээ" (Лук 6:38)

"Give, and it will be given to you. A good measure, pressed down, s haken together and running over, will be poured into your lap." (Luke 6:38)

Тунхаг

"Бурханы хайр бол миний амьдралын хамгийн чухал эрхэм зорилго гэдгийг би ойлгож, өчүүхэн ч гэсэн хайрыг хуваалцаж, өгч амьдрахаа амлаж байна!"

Тунгаан бодох үг

"Зөвхөн бусдын төлөө амьдарсан амьдрал л үнэ цэнтэй"
Альберт Эйнштейн

“Туйлын эерэг байдал” тунхаглал

1. Би үргэлжийн эерэг байдлын үнэ цэнэ, ач тусыг ойлгож, эерэг байдлын үзүүлэлтээ нэмэгдүүлэхэд өөрийгөө зориулах болно!

2. Бурхан бол туйлын эерэг Бурхан гэдэгт итгэж, Түүнд бүрэн найдах болно!

3. Би бол Бурханы гайхамшигт бүтээл бөгөөд Тэр намайг ерөөж, ашиглах болно гэдэгт би итгэдэг!

4. Би бусдыг хүндэлж, хайрлаж, Бурхан надаар дамжуулан тэднийг ерөөх болно гэдэгт итгэж байна!

5. Бурхан намайг дуудсан ажил, дуудлагад талархаж, үнийг үнэнчээр гүйцэтгэхээр шийдсэн!

6. Би өөрт тулгарсан нөхцөл байдалд Бурханы дээд эрх мэдэл байгаад итгэж, хаана ч байсан эерэг нөлөө үзүүлэхийг эрмэлзэх болно!!

7. Би ирээдүйдээ хүлээлтэй байж, Бурханы мөрөөдөл, алсын харааг биелүүлдэг үүрэг гүйцэтгэгч болох болно!

8. Би өөрт тулгарсан нөхцөл байдалд Бурханы дээд эрх мэдэл байгаад итгэж, хаана ч байсан эерэг нөлөө үзүүлэхийг эрмэлзэх болно!

9. Би нөхцөл байдлаас үл хамааран өдөр бүр Бурханд талархсан сэтгэлээр талархлаа тунхаглахаа амлаж байна!

10. Бурханы хайр бол миний амьдралын хамгийн чухал эрхэм зорилго гэдгийг би ойлгож, өчүүхэн ч гэсэн хайрыг хуваалцаж, өгч амьдрахаа амлаж байна!

Туйлын эерэг байдлын (PQ) үзүүлэлт шалгах ба дүгнэх

Эерэг хандлагын үзүүлэлт (PQ, Positivity Quotient) бол амьдралын хамгийн чухал хөрөнгө юм. PQ бол IQ, хүрээлэн буй орчин, хувь тавиланг давах агуу хүч. Таны PQ өндөр байх тусам таны амьдралд гайхалтай өөрчлөлт, гайхамшиг тохиолдох болно.

Энэхүү номыг уншиж, PQ шалгах хуудасны үнэлгээ хэсэгт та бүхэн ирсэн байна. Энэ бол бүлэг тус бүрийн сүүлд оруулсан эерэг байдлын үзүүлэлтээ үнэлж, дүгнэх цаг юм. Дараах дараallаар хийж үзээрэй.

1. 10 талбарт өгсөн эерэг хандлагын оноонуудаа бичээд нэмнэ үү.

* Талбар бүрийн дээд оноо нь 50 оноо юм. 10 талбарын нийт дээд оноо нь 500 оноо болно.

#	Талбар	Нийлбэр
1	Эерэг хандлагын үзүүлэлт	______ оноо
2	Эерэг итгэлийн үзүүлэлт	______ оноо
3	Өөртөө эерэг хандах үзүүлэлт	______ оноо
4	Бусдад эерэг хандах үзүүлэлт	______ оноо
5	Ажил, үйлчлэлдээ эерэг хандах үзүүлэлт	______ оноо
6	Нөхцөл байдалд эерэг хандах үзүүлэлт	______ оноо
7	Ирээдүйдээ эерэг хандах үзүүлэлт	______ оноо
8	Эерэг үгийн үзүүлэлт	______ оноо
9	Туйлын талархлын үзүүлэлт	______ оноо
10	Хайрыг хуваалцах үзүүлэлт	______ оноо
Нийт		**______ оноо**

2. Нийт оноогоо 5-д хуваана уу! (100 оноо болгон хөрвүүлэх)

* **Жишээ:** Хэрэв нийт оноо 400 бол таны оноо 80 гарах болно (400:5=80)

Та өөрийнхөө нийлбэр (________) оноог бичнэ үү!

3. Таны PQ (100 оноогоор хөрвүүлсэн) хаана байгааг олж харна уу!

90~100 оноо	**Таны PQ маш өндөр байна. Та бол маш эерэг хүн юм**
	Туйлын эерэг энергитэй та аливаа зүйлд аз жаргалтай, амжилттай байж чадна. Таны амьдралд гайхалтай гайхамшгуудыг тохиолдох болно гэж найдаж байна.
80~89 оноо	**Таны PQ маш сайн байна. Та бол эерэг хүн юм**
	Өндөр түвшний эерэг энергитэй та энэхүү энергийг үйл ажиллагаандаа ашиглавал маш их амжилтад хүрч чадна. Дутагдлаа нөхөж, туйлын эерэг байдал руу тэмүүлээрэй.
60~79 оноо	**Таны PQ сайн байна. Та олон эерэг талтай хүн юм**
	Таны хамгийн сул тал юу байна вэ? Хэрэв та Ариун Сүнсний удирдамжийг дагаж, дутагдлаа нөхөж чадвал туйлын эерэг энергитэй хүн болж чадна.
40~59 оноо	**Таны PQ бага байна. Таны дотор эерэг, сөрөг хоёрын тэмцэл өрнөж байна**
	Та эерэг хүнтэй нөхөрлөж, туйлын эергээр сэтгэж, тунхаглаж, үйлдэх зуршилтай болоорой. Том өөрчлөлт гарах болно.
39~оос доош	**Таны PQ маш бага байна. Харамсалтай нь сөрөг байдал илүү өндөр харагдаж байна.**
	Эерэг үзүүлэлтэд хүрэхийн тулд маш их хүчин чармайлт шаардагдана. Гэхдээ сэтгэлээр бүү унаарай. Хэрэв эрчимтэй зөвлөгөө, сургалтад хамрагдвал та ч гэсэн эерэг хүн болж чадна.

Дөрөв дэх хэмжээст Туйлын Эерэг Байдал Сургалт
(Монгол хувилбар)

Зохиогч | И ЁН ХҮН

Эрхлэн нийтэлсэн | CGW ("Дэлхийн Чуулганы Өсөлт" Судалгааны Төв)
Хаяг | 59 Eunhaeng-ro, Yeongdeungpo-gu, Seoul, Korea
Вэбсайт | www.cgw.global
Анхны хэвлэл | 2025.04.01.

Printed in Korea

ISBN 978-89-8304-368-9 03230

Энэхүү номын орчуулга, хяналт, редактор, эх бэлтгэлд хувь нэмэр оруулж хамтарч ажилласан Монгол дах хамтран зүтгэгчиддээ гүн талархал илэрхийлье.